나를 바꾸는 여섯 가지 성숙

누려라
새롭게 태어나는 기쁨

Maturity: The Responsibility of Being Oneself

Copyright © 1999 Osho International Foundation, www.osho.com/copyrights
Korean translation copyright © 2025 TAE-IL Publishing Company
This Korean edition was arranged with Osho International Foundation, Switzerland through Best Literary & Rights Agency, Korea
All rights reserved.
Original English: Intimacy - Trusting Oneself and the Other
OSHO® is a registered trademark of Osho International Foundation, www.osho.com/trademarks
The content of this book is selected from various talks by Osho given over time to a live audience. All of Osho's talks have been published in full as books and are also available as original audio recordings. Audio recordings and the complete text archive can be found via the online OSHO Library at www.osho.com/library

이 책의 한국어판 저작권은 베스트에이전시를 통한
원저작권자와의 독점계약으로 도서출판 태일에 있습니다.
신저작권법에 의해 한국 내에서 보호를 받는 저작물이므로 무단전재와 무단복제를 금합니다.

나를 바꾸는 여섯 가지 성숙

누려라
새롭게 태어나는 기쁨

오쇼 라즈니쉬 지음 | 손민규 옮김

성숙 : 누려라 새롭게 태어나는 기쁨

펴 낸 날 | 2007년 1월 30일 초판 1쇄
2025년 9월 19일 개정판 1쇄

지 은 이 | 오쇼 라즈니쉬
옮 긴 이 | 손민규
펴 낸 이 | 이태권
펴 낸 곳 | 태일출판사
서울특별시 성북구 성북로5길 12 소담빌딩 301호 (우) 02880
전화 | 02-745-8566   팩스 | 02-747-3238
등록번호 | 1979년 11월 14일 제6-58호
e - mail | sodambooks@naver.com
홈페이지 | www.dreamsodam.co.kr

ISBN 979-11-6027-489-9 (04150)
979-11-6027-484-4 (세트)

- 책값은 뒤표지에 있습니다.
- 잘못된 책은 구입하신 곳에서 교환해드립니다.

인간을 제외한 모든 동물들은 늙어간다.
인간은 성장한다. 노화는 죽음에 가까이 다가간다는 말이요,
성장은 죽음 없음을 자각하게 된다는 말이다.
그대는 성장 속에서 시작도 끝도 없는 영원함을 알게 된다.
모든 두려움이 사라지고 망상이 사라지면서
그대는 불멸의 존재가 되어간다.

| 차 례 |

머리말 9

정의 29
    정의 31
    성숙과 노화 37
    성숙한 영혼 52

인생의 7년 주기 65

성숙한 관계 99
    성숙한 관계 101
    필요와 주기, 사랑과 소유 103
    사랑과 결혼 116
    부모와 자녀 122
    사랑 + 각성 = 존재 137

사거리에 서서 147
    사거리에 서서 149
    노화의 법칙 169

증상들 183
    증상들 185
    폐경, 단지 여자들만의
    비즈니스가 아니다 190
    추한 늙은이 194
    쓴맛 200

변화의 시기 205
변화의 시기 207
일치감과 자기중심 212
탄생과 죽음이 하나가 될 때 226
게임을 그만두다 237

퍼즐 241
정당방위 243
어떤 태도도 취하지 않는 인생 251
섹스에서 관능으로 271

계속되는 여행 281
성숙은 계속된다 288

저자에 대해 293

오쇼 국제 명상 휴양지 299

머리말

　우리는 깨어 있는 삶을 살아야 한다. 하지만 모든 사람이 깨어 있는 삶을 산다는 뜻은 아니다. 우리는 계속해서 숨을 쉬고, 먹고 마시며 늙어간다. 매 순간 무덤을 향해 한 걸음씩 가까이 다가간다. 요람에서 무덤까지 70년에 걸쳐 천천히 죽어가고 있을 뿐이다.
　사람들 대부분이 천천히 죽어가는 삶을 살고 있다. 그리고 그대 역시 그들처럼 천천히 죽어가고 있다.
　어린아이들은 주변에 있는 사람들을 보고 배운다. 우리 주변을 보아라. 온통 죽은 사람들로 가득하다.
　우리는 먼저 삶의 참된 의미를 이해해야만 한다. 삶이란 단지 늙어간다는 뜻뿐만 아니라 성장한다는 뜻도 있다. 노화와 성장, 그 둘 사이에는 큰 차이가 있다.

모든 동물이 늙어간다. 하지만 성장은 인간만의 특권이다. 그리고 극소수의 사람들만이 성장의 권리를 사용한다.

성장은 매 순간 삶으로 깊이 들어간다는 뜻이다. 성장은 죽음을 향해 가는 것이 아니라 삶으로 더 깊이 들어간다는 뜻이다.

삶으로 깊이 들어갈수록 우리 안에 있는 불멸성에 대한 이해가 깊어진다. 죽음이란 단지 옷을 갈아입는 행위라는 사실을 깨닫게 된다. 혹은 집을 바꾸는 것에 불과하다는 사실을 알게 된다. 형상이 변해갈 뿐, 아무것도 죽지 않는다. 아무것도 죽을 수 없다!

죽음은 인간이 가진 가장 큰 환상이다.

성장의 참된 의미를 알고 싶다면 나무를 보면 된다. 나무가 위로 자랄수록 뿌리는 아래로 더 깊게 자란다. 위로 높게 자라는 나무와 아래로 깊어지는 뿌리 사이에는 균형이 존재한다. 키가 59m가 넘는데 뿌리가 손가락만 한 나무는 있을 수 없다. 손가락만 한 뿌리는 나무를 지탱할 수 없기 때문이다. 진정한 성장이란 우리의 뿌리인 내면으로 깊게 들어간다는 뜻이다.

나는 명상이 삶의 첫 번째 원칙이라고 생각한다. 나머지는 모두 그 다음이다.

어린 시절은 우리에게 최고의 시간이었다. 나이가 들어가면서 우리는 죽음에 가까이 다가가게 된다. 명상을 향해 가기가 점점 어려워진다. 명상을 통해 우리는 내면의 불멸성으로 들어갈 수 있다. 영원함, 신성으로 들어갈 수 있다.

어린아이는 지식에 묶이지 않는다. 종교에 묶이지도 않는다. 교육 혹은 그 외에 어떤 쓰레기에도 묶이지 않는다. 어린아이는 순수 그 자체이다.

하지만 불행히도 어린아이의 순수함은 무지로 취급받고 있다. 무지와 순수는 비슷해 보이지만 실제로는 크게 다르다. 무지 역시 순수함처럼 알지 못하는 상태를 지칭하지만, 둘 사이에는 우리가 간과한 큰 차이점이 있다.

우선 순수는 지식적이지 않다. 순수는 지식을 갈망하지도 않는다. 순수는 그 자체로 만족스럽다. 순수는 스스로 풍족하다.

어린아이는 욕망이 없다. 그는 단지 지금, 이 순간에 열중해 있을 뿐이다. 아이의 새는 날갯짓에 시선을 빼앗긴다. 나비와 그 아름다운 색채에 마음을 빼앗긴다. 하늘에 떠 있는 무지개에 마음을 빼앗긴 아이에게 무지개보다 더 소중하고 아름다운 것이 있다고 설득해 보았자 소용없다. 밤하늘을 가득 수놓은 별들보다 더 아름다운 것이 있다고 말해도 소용없다.

순수는 풍요롭다. 순수는 충만하다. 순수는 순수하다.

무지는 가난하다. 무지는 거지처럼 이것을 원하고 저것을 원한다. 지식과 존경을 원하고 부유해지기를 원하며 권력을 원한다. 무지는 욕망의 길을 따라간다.

순수란 욕망이 사라진 상태를 말한다. 하지만 둘 다 지성이 결여되어 있다는 이유로 같은 취급을 받아 왔다. 우리는 그 두 가지에 대해서 혼동하고 있다. 두 가지가 똑같다고 여기면서 살고 있다.

우리는 먼저 순수와 무지 사이에 놓인 차이점을 이해해야만 한다. 그리고 순수를 보호해야만 한다. 어린아이는 순수를 가지고 태어난다. 성자들이 치열한 노력 끝에 얻게 되는 가장 귀중한 보물인 순수를 가지고 태어난다.

성자들은 그 보물을 발견하고 난 뒤 자신들이 다시 어린아이가 되었다고 말한다. 다시 한번 태어났다고 말한다. 인도에서는 진정한 브라만-진정한 앎에 도달한 사람-을 드위즈 dwij라고 부른다. 드위즈란 두 번 태어난다는 뜻이다.

두 번째 탄생의 의미는 무엇인가? 첫 번째 탄생과 두 번째 탄생은 어떻게 다른가? 두 번째 탄생에서 얻어지는 것은 무엇인가?

우리는 두 번째 탄생을 통해 첫 번째 탄생에서 가지고 온 순수를 다시 얻게 된다. 사회와 부모, 주변 사람들에 의해 억압당하고 파괴된 순수 말이다. 사회는 모든 아이를 지식으로 채우고 있다. 그리고 경쟁적인 사회에서 도움이 안 된다는 이유로 어린아이의 순수함을 제거하려 든다.

어른들은 순수함이란 바보에게나 어울린다고 말한다. 어린아이의 순수함은 모든 면에서 홀대를 받고 있다. 사회는 모든 아이를 똑똑하고 잇속이 밝으며 지식적으로 만들고 있다. 힘없고 박해받는 사람의 범주에 들어가지 않고 힘센 사람들의 범주에 들어갈 수 있게 하려고 말이다.

　어린아이가 순수가 아닌 지식과 힘을 좇아 성장하기 시작하면, 평생 그 길을 걸을 수밖에 없다. 그의 전 생애가 그릇된 방향으로 갈 수밖에 없다.

　살면서 무언가를 잃어버렸다는 느낌이 들 때, 우리가 가장 먼저 되찾아야 할 것이 순수이다. 지식 따위는 버려도 좋다. 경전이나 종교에 대해서도 잊어버려라. 이론이나 철학도 필요 없다.

　우리는 모두 다시 태어나야 한다. 다시 순수해져야 한다. 선택은 우리에게 달려 있다.

　다른 사람에게서 빌려온 지식을 버려야 한다. 전통이나 관습에서 얻은 지식도 마찬가지다. 부모님이나 선생님, 혹은 대학에서 배운 지식을 버리고 다시 한번 순수해져야 한다.

　다시 한번 어린아이가 되어야 한다. 그리고 이러한 기적은 명상을 통해서만 가능하다.

　명상은 일종의 외과수술과 같다. 우리가 경험에서 얻은 것만 남겨두고 빌려온 모든 것을 제거해 버린다. 진정으로 우리에게 속한 것만 남겨두고 타인에게 속한 것은 모두 태워 버린다. 우리는 빌려온 지식이라는 옷을 벗고 벌거벗은 채 태양 아래 서 있게 된다.

　마치 지구에 발을 내린 최초의 인류처럼 모든 것을 스스로 알아가야만 한다. 우리는 경험을 등불 삼아 순례 여행을 떠나는 구도자가 된다.

순수 다음으로 우리가 되찾아야 할 것이 구도에 대한 열망이다.

삶은 욕망이 아니다. 삶은 구도의 길이다. 한 나라의 대통령이 되거나 수상이 되고 싶은 야망이 아니라, 나는 누구인가를 찾아가는 구도의 여행이다. 자기 자신이 누구인지 모르는 사람들만이 특별한 사람이 되려고 안간힘을 쓴다. 그들은 자신이 누구인지도 모르면서 다른 존재가 되겠다는 목적이 있다. 목적이란 영혼의 질병이다. 우리는 누구나 '나는 누구인가?'라는 물음에 대한 대답을 찾아야만 한다.

진정한 삶은 자신의 존재를 발견해 나갈 때 시작된다. 매 순간, 우리 자신에 대해 새로운 발견을 하면서 새로운 기쁨을 얻게 된다.

우리의 존재를 발견하게 되면 우리 앞에 새로운 신비의 문이 열리게 된다. 새로운 사랑이 우리의 내면에서 성장하기 시작한다. 아름다움과 선에 대한 새로운 감각이 키워진다.

이때 작은 풀잎사귀 하나조차 굉장한 의미를 가지고 다가온다. 작은 잎사귀 하나조차 가장 크게 빛나는 별만큼 귀하게 느껴진다.

존재 세계에서는 작은 잎사귀 하나라도 존재 이유가 있다. 잎사귀 하나가 사라지면 존재 세계는 그만큼 불완전해진다. 마치 물 한 방울이 증발하고 나면 바다의 무게가 그만큼 줄어드는 것과 같다.

그러므로 자신의 존재를 발견한 사람은 자연과 친구가 된다. 나무와 친구가 되고, 동물들과 친구가 된다. 산과 강, 그리고 바다와 친구가 된다. 별과 친구가 된다. 존재 세계 전체와 친구가 된다. 비로소 삶이 풍요로워진다. 삶이 친밀감과 사랑으로 가득해진다.

성 프란체스코의 삶에 아름다운 일화가 있다.

프란체스코는 죽음을 눈앞에 둔 나이에도 당나귀를 타고 이곳저곳을 여행했다. 그리고 여행지에서 만난 사람들과 자신의 경험을 나누었다. 가는 곳마다 사람들이 그의 강의를 듣기 위해 모여들었다.

죽음을 눈앞에 둔 한 인간의 마지막 말은 그의 삶 전체를 담고 있기 마련이다. 사람들은 그가 누려온 삶의 경험을 듣기 위해 모여들었다.

그러던 어느 날, 프란체스코의 마지막 말을 듣기 위해 모여든 사람들은 자신들의 귀를 의심하지 않을 수 없었다. 왜냐하면 성 프란체스코는 사람들이 아닌 당나귀를 상대로 강의를 하고 있었기 때문이다.

"형제여, 나는 자네에게 엄청나게 큰 빚을 지고 있네. 자네는 단 한 번의 불평도 없이 나를 이리저리 태우고 다녔지. 이 세상을 떠나기 전에 내가 꼭 하고 싶은 일이 한 가지 있네. 나는 자네에게 용서를 구하고 싶네. 나는 자네에게 제대로 인정을 베푼 적이 한 번도 없었지. 자네, 그런 나를 용서해 줄 수 있겠는가?"

성 프란체스코는 당나귀에게 용서를 구하고 있었다.

"나의 형제 당나귀여, 나를 용서해 주겠는가?"

우리가 자신의 존재를 발견하게 되면 삶이 더욱더 풍성해진다. 작은 연못이 아니라 거대한 바다라도 채울 만큼 풍성해진다. 우리 자신과 가족에게 국한되지 않고 존재 세계 전체가 풍성해진다. 존재 세계 전체가 우리의 가족이 된다. 그리고 존재 세계 전체가 우리의 가족이 되지 않는 한, 우리는 절대 진정한 삶이 무엇인지 알 수 없다. 이 세상에 누구도 외딴섬처럼 동떨어져 있는 사람은 없다. 우리는 모두가 하나로 연결되어 있다.

우리는 거대한 대륙과 같다. 수만 가지 갈래로 연결된 대륙과 같다.

우리의 가슴이 존재 세계 전체에 대한 사랑으로 채워져 있지 않다면 우리는 살면서 늘 부족함을 느낄 수밖에 없다. 우리는 명상을 통해서 우리의 존재를 발견할 수 있다. 또한 명상은 우리에게 존재 세계에 속해 있다는 소속감을 일깨워 준다.

이 세상은 우리의 것이다. 저 하늘의 별들도 우리의 것이다. 우리는 절대 이방인들이 아니다. 우리는 나무와 새들처럼 존재 세계에 속해 있다. 우리는 존재 세계의 한 부분이자 존재 세계의 가슴이다.

두 번째로 우리는 명상을 통해 깊은 침묵을 경험하게 된다. 쓰레기 같은 지식이 사라진 자리에는 침묵만이 남게 된다. 지식이 사라지면서 사념도 사라진다. 오로지 장엄한 침묵만이 남는다. 모든 지식이 사라진 자리에 남게 되는 유일한 음악이 바로 침묵이다.

세상에 있는 모든 음악이란 사실상 침묵을 소리화 한 것이나 마찬가지다. 고대의 동양에서는 음악, 시, 춤, 그림, 조각과 같은 모든 위대한 예술은 명상 속에서만 태어날 수 있다고 강조했다.

이러한 예술 행위는 내면으로 가는 구도 여행을 떠날 준비가 안 된 사람들을 위해 만들어졌다. 지식의 세계에 사는 사람들에게 지식으로 알 수 없는 것을 전해 주려고 만들어졌다. 그들의 내면에 구도에 대한 열망을 불러일으켜 주기 위해 만들어졌다.

어쩌면 한 소절의 노래로 인해 우리는 자신의 존재를 찾아 떠나고 싶은 욕망을 느낄 수도 있다. 혹은 조각상을 보고 그러한 자극을 받을 수도 있다.

다음에 고타마 붓다를 모신 절에 가게 되거든 조용히 앉아서 부처상을 바라보도록 해라! 부처상은 우리가 그것을 바라보는 동안 침묵에 빠져들도록 만들어졌다. 부처상은 고타마 붓다를 조각한 것이 아니라 명상을 위한 소도구일 뿐이다.

마하비라와 고타마 붓다의 조각상을 보면 굉장히 유사해 보인다. 그뿐만 아니라 네미나타, 아디나타 등 스물네 명에 이르는 자이나교의 티르탄카라를 조각해 놓은 조각상도 하나같이 비슷해 보인다. 한 절에서 스물네 명이나 되는 똑같은 조각상을 볼 수 있다.

어린 시절, 나는 아버지에게 티르탄카라 조각상에 관해 묻곤 했다.

"어떻게 스물네 명이 똑같이 생길 수 있어요? 코도 똑같고 얼굴과 몸도 똑같고 심지어 자세도 똑같잖아요?"

그러면 아버지는 이렇게 대답하곤 했다.

"나도 잘 모른다. 나도 손톱만큼의 차이점도 없이 똑같은 조각상들을 볼 때마다 어리둥절한단다. 이 세상에 완벽하게 똑같은 사람이 있다는 소리를 들어본 적이 없는데, 하물며 스물네 명이 똑같이 생겼으니 말이다."

명상이 꽃을 피우면서 나는 그 해답을 찾아냈다. 다른 사람에게서 전해 들은 것이 아니라 나 스스로 찾아냈다.

스물네 명의 조각상은 스물네 명의 사람들과 아무런 관계가 없다. 그들의 내면에서 일어난 현상과 관계가 있다. 스물네 명의 내면에서 일어난 일이 정확하게 일치했기 때문에 똑같은 모양의 조각으로 표현되었을 뿐이다. 외모와는 전혀 무관하다.

무엇보다 중요한 것은 내면에서 일어난 변화이다. 외면은 중요하지 않다. 내면의 침묵에 도달한 사람 중에는 젊은이도 있고 늙은이도 있다. 피부가 까만 사람도 있고 흰 사람도 있다. 남자도 있고 여자도 있다. 중요한 것은 그들의 외면이 아니라 침묵의 바다를 담고 있는 그들의 내면일 뿐이다. 그들의 내면이 똑같은 자세로 표현된 것뿐이다.

몸의 자세는 내면의 상태를 보여 준다. 화가 나 있는 사람의 자세를 본 적이 있는가? 화가 난 사람은 주먹을 움켜쥔다. 화가 나 있는데 손바닥을 펴는 사람은 없다. 기분이 좋으면 얼굴에 미소를 짓는다. 기분이 좋은데 주먹을 쥐는 사람은 없다. 우리의 감정은 몸에 특정한 자세로 표현된다.

방 안에 홀로 앉아서 눈을 감은 채 감정에 따른 몸의 변화를 관찰해 보아라. 내면에서 부정적인 이미지, 어두운 이미지가 떠오를 때 몸은 어떤 자세를 취하는가? 밝고 아름다운 이미지가 떠오를 때, 몸은 어떤 자세를 취하는가? 감정의 상태에 따라 몸의 자세가 달라진다. 그 조각상들도 그러한 의도를 담고 있다.

조각상들과 신전은 숭배를 위해 만들어진 게 아니다. 오히려 우리가 침묵을 경험할 수 있게 하려고 만들어졌다. 일종의 과학 실험실처럼 경험을 실험하기 위해 만들어졌다. 종교와는 아무런 상관이 없다. 후세대가 침묵과 명상, 그리고 내면의 평화를 경험할 수 있도록 만들어졌다. 책이나 언어가 아닌 침묵을 통해서 과거 세대의 경험과 만날 수 있게 하려고 말이다.

내면의 침묵이 깊어지면 존재 세계에 대한 친밀감과 사랑이 커진다. 그리고 과거나 미래가 아닌 지금, 이 순간을 살게 된다. 매 순간이 친밀감과 사랑의 축제가 된다.

대부분의 문화권과 사회는 일 년에 며칠씩 축제일을 정해 놓았다. 사람들에게 주어진 일종의 보상이다. 사회는 사람들에게서 모든 기쁨을 빼앗아 가 버렸다. 그러므로 단 며칠간의 보상조차 사람들에게 해주지 않는다면 사회에 위협이 가해질 수도 있다.

하지만 달력에 표시된 며칠간의 보상은 진정한 보상이 아니다. 기쁨을 빼앗긴 사람들이 완전히 길을 잃지 않도록 다른 종류의 보상을 해주어야만 한다. 폭죽과 색등이 우리를 기쁘게 만들 수는 없다. 기껏해야 어린아이들이나 달랠 수 있을 뿐이다.

진정한 축제란 우리의 삶에서 시작되어야 한다. 각자의 삶 안에서 일어나야 한다. 진정한 축제란 달력에 따라 정해질 수 없다. 11월의 첫 번째 날은 축제일이다. 이상하지 않은가? 일 년 내내 불행하던 사람들이 11월 첫날이 되자 갑자기 불행에서 뛰쳐나와 춤을 추다니?

불행이 거짓이거나 11월의 첫날이 거짓이거나 둘 중의 하나는 거짓이다. 11월 첫날이 지나면 사람들은 다시 어두운 구멍으로 돌아가 불행과 걱정 속에서 살아간다.

삶은 끊임없는 축제여야만 한다. 삶은 일 년 내내 계속되는 빛의 페스티벌이 되어야만 한다. 삶이 축제가 될 때, 진정한 성장이 시작된다. 일상생활의 작고 사소한 모든 것이 축제가 된다.

예컨대 일본에는 다도가 있다. 모든 선원은 물론, 여유가 있는 일반 가정에서도 차를 마실 수 있는 작은 신전을 소유하고 있다. 일본에서 다도는 범속하고 평범한 것이 아니라 이미 하나의 의식 행위로 변형되었다. 차를 마시는 신전조차 특정한 구조로 되어 있을 정도로 의미가 각별하다. 신전은 아름다운 연못과 백조, 그리고 그 주변이 꽃으로 가득한 아름다운 정원에 만들어진다.

차를 마시러 온 손님은 신발을 신전 밖에 벗어 놓아야 한다. 그리고 신전에 들어서면서부터 말을 해서는 안 된다. 생각과 사념 모두 신발과 함께 밖에 남겨두어야 한다.

손님이 자리에 앉으면 이제 안주인이 차를 만들 준비를 한다. 안주인의 절제된 동작은 마치 춤을 추는 것 같다. 안주인은 신을 모신 것처럼 손님 앞에 차 받침과 찻잔을 내려놓는다. 존경심을 가지고 절을 하는 그녀, 손님도 역시 똑같은 존경심으로 찻잔을 받는다.

차는 아름다운 소리를 내는 특별한 사모바르로 만든다. 사모바르는 스스로 음악을 만들어낸다. 그리고 다도의 시작은 사모바르의 음악 소리를 듣는 것에서 시작된다. 차가 지어내는 음악을 듣는 것에서 시작된다.

모든 사람이 침묵 속에서 사모바르의 소리에 귀를 기울인다. 정원에서 들려오는 새의 날갯짓 소리와 사모바르. 침묵이 주위를 감싸고, 차가 사모바르 속에서 노래를 부르고 있다. 차가 준비되면 이제 안주인이 모든 사람의 잔에 차례로 차를 따른다.

차를 마시는 데도 방법이 있다. 먼저 차의 향기를 음미한다. 그리고 차 한 모금을 입에 문다. 천천히 시간을 가지고 맛을 음미한다. 서둘러서는 안 된다. 누군가 피리나 시타르를 연주하기 시작한다.

평범한 차를 가지고 일본인들은 아름다운 종교의식을 만들어냈다. 다도가 끝나면 모든 사람이 한결 신선하고 젊어진 느낌으로 자리에서 일어선다. 활기에 찬 모습으로 자리를 떠난다.

차 한 잔이 우리에게 신선함과 활기를 줄 수 있다면 의복이나 음식, 그 밖에 다른 것이 못할 까닭이 없다.

하지만 사람들은 대부분 눈을 뜬 채 잠을 자고 있다. 사람들이 모두 깨어 있는 삶을 살게 된다면 옷 한 벌에서도 신선함을 얻을 수 있다. 음식에서도 활기를 얻을 수 있다.

옷이란 단지 몸을 덮고 있는 천 조각이 아니다. 입고 있는 사람의 개성과 취향, 문화를 담고 있다. 심지어 그 사람의 존재까지도 표현해 준다.

우리가 하는 모든 행위는 우리를 그대로 표현해 준다. 마치 우리의 이름이 새겨진 도장을 찍는 것과 같다. 옷 한 벌에서도 활기를 느낄 수 있다면 우리의 삶은 끊임없는 축제가 될 수 있다.

질병까지도 축제가 될 수 있다. 몸이 아파서 자리에 누워 있는 시간조차 아름다움과 기쁨의 순간이 될 수 있다. 이완과 휴식의 순간이 될 수 있다. 명상을 위한 시간이 될 수 있다. 음악을 듣고 시를 쓰는 순간이 될 수 있다.

아프다고 우울해할 필요가 없다. 오히려 다른 사람이 사무실에서 일을 하는 동안, 자신은 왕처럼 침대에 누워 있을 수 있다는 사실에 행복해야만 한다.

누군가 당신을 위해 차를 준비하고 있다. 사모바르의 노랫소리가 울려 퍼지는 가운데 친구들이 찾아와 당신을 위해 피리를 불어 준다.

대개 사람들은 몸이 아프면 의사에게 전화를 걸어 묻는다. 몸이 아플 때, 사랑하는 친구들에게 전화를 걸어 보면 어떨까? 이 세상에 사랑보다 효능이 뛰어난 의약품은 없다. 사랑보다 더 귀한 약은 없다.

당신을 위해 아름다운 노래와 시를 읊어 줄 친구들에게 전화를 해라! 축제의 분위기보다 더 치유력이 강한 것은 없다. 약은 거기에 비한다면 저급한 치료제에 불과하다.

하지만 우리는 사랑이라는 약에 대해서는 잊어버렸다. 몸이 아프면 전적으로 의약품에 의존한 채, 우울해하거나 짜증을 부린다. 마치 당신이 사무실에 있으면 엄청난 기쁨을 누릴 수 있는 것처럼 말이다.

하지만 사무실에 있을 때 당신은 행복하지 않았다. 언제나 사무실을 벗어나고 싶어 했다. 사무실을 벗어난 지금, 당신은 또 다른 불행에 사로잡혀 있다. 절대 불행을 떠나보낼 생각을 하지 않는다.

우리는 삶의 모든 것을 창조적으로 만들어야 한다. 그때 우리는 최악의 것에서 최상의 것을 얻을 수도 있다. 나는 이것을 삶의 미학이라고 부른다. 매 순간 삶을 아름다움과 사랑, 그리고 기쁨으로 만든 사람에게 죽음은 삶의 절정이 된다. 죽음은 삶에서 누리는 마지막 기쁨이 된다. 아름다운 축제가 된다.

전 생애를 낭비한 사람의 죽음은 추하게 보인다. 하지만 창조적인 삶을 산 사람에게 죽음은 미지의 세계로 들어가는 문이다. 오랜 친구와 세상에 전하는 기쁨의 작별 인사이다. 그의 죽음은 평화와 사랑으로 가득하다. 그에게 죽음은 절대 비극이 아니다.

임제 선사가 죽어가고 있었다.

수천 명의 제자가 그의 마지막 강의를 듣기 위해 모여들었다. 하지만 임제는 기쁨의 미소를 머금은 채 자리에 누워 있을 뿐이었다. 죽음을 바로 앞에 두고도 그는 아무 말도 하지 않았다.

임제의 오랜 친구도 그 자리에 있었다. 그는 자기 자신을 대단한 스승이라고 생각하는 사람이었다. 그가 임제를 흔들며 이렇게 말했다.

"임제, 자네는 마지막으로 유언을 남겨야 한다는 사실을 잊어버렸나? 내가 항상 말했듯이 자네는 기억력이 별로 좋지 않군. 여보게, 자네는 지금 죽어가고 있어. 마지막 유언을 남겨야 한다는 사실을 잊어버렸나?"

그러자 임제가 입을 열었다.

"들어보게나."

지붕 위에서 두 마리의 다람쥐가 구르고 뛰며 기와를 긁어댔다.

"이 얼마나 아름다운가!"

그리고 그는 죽었다.

그가 '들어보게'라는 말을 하는 순간, 침묵이 그 자리를 가득 채웠다. 그곳에 모인 사람들은 임제가 대단한 말을 할 것이라는 기대로 귀를 쫑긋 세웠다. 하지만 두 마리의 다람쥐가 서로 긁고 싸우는 소리만 들릴 뿐, 임제는 아무 말도 하지 않았다. 임제의 얼굴에 미소가 가득했다. 그는 이미 마지막 메시지를 전해 주었다.

우리가 큰 것과 작은 것을 분별하는 한, 임제의 메시지를 이해할 수 없다. 귀한 것과 하찮은 것을 구분하는 한, 임제의 침묵을 이해할 수 없다. 큰 것도 없고 작은 것도 없다. 귀한 것도 없고 하찮은 것도 없다. 모든 것이 중요하다.

지붕 위를 뛰어다니던 두 마리의 다람쥐도 임제의 죽음만큼이나 중요하다. 그 둘 사이에는 아무런 차이점도 없다. 존재 세계에서는 모두가 똑같다. 그것이 바로 임제가 전 생애에 걸쳐 가르친 철학이었다. 위대한 것도 없고 비천한 것도 없다. 음식의 맛을 결정하는 것은 재료가 아니라 요리사이다.

우리는 명상을 통해서 내면의 침묵과 평화를 얻을 수 있다. 명상을 하는 사람의 내면은 기쁨으로 가득하다.

우리가 명상을 통해 얻는 것은 무엇이나 삶 속에서 나누어야 한다. 침묵과 평화는 나눌수록 커진다. 기쁨과 더없는 행복을 나누면서 살아온 사람에게 죽음은 없다. 삶의 마지막 순간에 그가 흘리는 눈물은 슬픔의 눈물이 아니다. 기쁨의 눈물이다.

또한 우리는 잃어버린 순수를 되찾아야 한다. 우리가 여태까지 지고 온 모든 쓰레기를 버려야 한다.

사람들 대부분이 엄청난 양의 쓰레기를 지고 다닌다. 그들은 그 쓰레기를 위대한 철학, 혹은 불변의 원리라고 부른다. 책에서 얻은 철학을 추종하고 다른 사람들의 말을 진리라고 믿는다.

지성을 갖추지 못한 사람만이 철학과 원리를 믿는다. 우리는 누구나 경험을 통해 자신만의 지성을 키워야 한다.

삶은 철학도 아니고 원리도 아니다. 삶은 아주 단순하다. 기쁠 때 추는 춤이 바로 삶이다. 우리는 온 세상을 기쁨의 춤으로 가득 채울 수 있다.

하지만 이 세상에는 삶을 고통이라고 부르는 사람들이 있다. 미소를 짓거나 큰 소리로 웃으면 안 된다고 주장하는 사람들이 있다. 삶은 죄악이라고 말하는 사람들이 있다.

그들은 삶이 원죄에 대한 심판이라고 말한다. 그런 사람들 속에서 어떻게 삶을 즐길 수 있겠는가? 그들은 기억나지 않는 조상들이 저지른 잘못으로 인해 우리가 고통의 삶을 살고 있다고 주장한다. 그런 사람들 속에서 어떻게 삶을 누릴 수 있겠는가?

우리는 고통을 받기 위해 삶이라는 감옥에 갇혀 있다고 말하는 사람들 속에서 어떻게 삶을 누릴 수 있겠는가?

삶은 감옥이 아니다! 삶은 죄에 대한 심판도 아니다. 삶은 존재 세계가 우리에게 준 선물이다. 우리는 그 선물을 받을 자격이 있다. 우리는 삶을 즐길 권리가 있다. 삶을 즐기지 않는 것이야말로 큰 죄악이다. 우리는 누구나 아름다운 삶을 살 권리가 있다. 우리는 삶을 방치해서는 안 된다. 삶을 방치하는 것은 삶에 대한 직무유기일 뿐이다.

우리는 행복한 삶을 살 권리가 있다. 아름다운 삶, 향기로운 삶을 살 권리가 있다.

귀를 열고 가만히 들어보면 존재의 속삭임을 들을 수 있다. 잔잔하게 퍼지는 물결 같은 소리를 말이다.

존재는 큰 소리로 외치지 않는다. 조금만 침묵하면 우리의 존재가 알려주는 길이 어딘지 알 수 있다.

우리는 다른 사람이 아닌 우리 자신으로 존재해야만 한다. 남들처럼 되려고 할 필요가 없다. 단지 우리 자신으로 존재하면 그뿐이다.

우리는 우리의 존재의 소리에 귀를 기울일 때, 성숙해질 수 있다.

우리 자신으로 존재할 때, 성숙해질 수 있다.

　어떤 값을 치르더라도 우리 자신으로 존재할 준비가 되어 있을 때, 성숙해질 수 있다.

정
의

성숙은 잃어버린 순수를 되찾는다는 뜻이다. 잃어버린 낙원을 되찾는다는 뜻이다. 그리하여 우리는 다시 어린아이가 된다는 뜻이다.

정 의

무지에서 순수로

　성숙과 순수는 한 가지 차이점을 제외한다면 의미가 같다. 한 가지 차이점이란 우리가 순수를 되찾아야 한다는 사실이다.
　모든 아이는 순수하게 태어난다. 하지만 사회는 아이들을 오염시킨다. 사회는 아이들에게 나쁜 영향을 끼친다.
　문화도 마찬가지다. 모든 문화는 아이들의 순수를 악용하고, 아이들을 착취하며 노예로 전락시키고 있다. 사회가 지향하는 정치적, 사회적, 이념적 목적을 성취하기 위해 아이들을 이용하고 있다. 그뿐만 아니라 종교인들과 정치가들도 사회와 공모하여 똑같은 일을 저지르고 있다.

사회의 일원이 되는 순간, 아이는 가장 귀한 것을 잃어버리게 된다. 신과 나누었던 교류를 잃어버리게 된다. 사회의 일원이 되면서 아이는 머리뿐인 삶을 살게 된다. 가슴에 대해서는 잊어버린 채 말이다.

가슴은 우리와 내면을 이어 주는 다리 역할을 한다. 가슴이 없다면 누구도 자신의 내면에 가까이 다가갈 수 없다. 불가능한 일이다.

머리에서 내면으로 가는 직선로는 없다. 반드시 가슴을 거쳐 가야만 한다. 하지만 모든 사회는 머리만을 중요시한다. 사랑과 느낌을 감상적이라는 이유로 비난하면서 가슴을 파괴하려고 든다.

동서고금을 막론하고 사회가 사랑에 빠진 연인들을 비난하는 이유는 한 가지뿐이다. 사랑은 머리가 아닌 가슴에서 피어나는 꽃과 같기 때문이다. 사랑을 할 수 있는 사람은 사랑 속에서 자신의 존재를 발견할 수 있다. 그리고 자신의 존재를 발견한 사람은 모든 구속에서 벗어난다. 사회는 순수 자유에 도달한 사람을 통제할 방법이 없다.

모든 아이는 순수하게 태어난다. 하지만 사회에 의해 지식창고로 변해간다. 사회는 아이의 가슴에서 순수를 밀어내고 차지한 빈자리를 지식으로 가득 채워 넣는다.

성숙은 잃어버린 순수를 되찾는다는 뜻이다. 잃어버린 낙원을 되찾는다는 뜻이다. 그리하여 우리는 다시 어린아이가 된다는 뜻이다.

어린아이가 가지고 태어난 순수함과 우리가 되찾은 순수함은 다르다. 보통의 어린아이가 가진 순수함은 사회로 인해 파괴될 수밖에 없다. 한 송이 꽃처럼 바람이 불면 지고 만다. 하지만 우리가 되찾은 순수함은 파괴될 수 없다. 우리는 이미 충분한 지성을 갖추었기 때문에 똑같은 실수를 반복하지 않는다. 사회가 어린아이에게 가한 해악에 대해 잘 알고 있으므로 같은 일이 반복되도록 내버려 두지 않는다.

성숙은 재탄생이다. 육체의 재탄생이 아니라 내면의 재탄생이다. 우리는 새롭게 태어난다. 다시 어린아이가 된다.

우리는 새로운 눈으로 세상을 바라보게 된다. 가슴이 사랑으로 가득해진다. 내면이 침묵과 순수함으로 가득해진다. 우리는 머리가 아닌 가슴으로 살아간다. 과거에는 머리가 주인이었지만, 이제 우리가 주인이다. 머리를 활용하되 머리에 의해 활용당하지 않는다.

우리는 처음으로 가슴과 하나가 된다. 그리고 차츰 가슴조차 초월하기에 이른다. 머리를 초월하고 가슴도 초월한 사람만이 성숙에 도달할 수 있다. 사념과 느낌을 초월하여 순수한 존재만이 남아 있을 때, 우리는 비로소 성숙해진다. 성숙은 명상이 피워낸 꽃과 같다.

예수는 '당신이 다시 어린아이가 되지 않고서는 신의 왕국에 들어갈 수 없다.'라고 말했다. 그의 말처럼 우리는 다시 태어나야만 한다.

어느 날 예수가 장터에서 설교하고 있었다. 누군가 예수에게 물었다.

"누가 신의 왕국에 들어갈 자격이 있습니까?"

예수는 주변을 둘러보았다. 근처에 랍비가 한 사람 있었다.

'랍비라면 남들보다 천국에 더 가까이 다가가 있겠지. 분명히 랍비는 천국에 들어갈 자격이 있을 거야.'

질문을 한 사람이 생각했다. 하지만 예수는 랍비를 선택하지 않았다.

근처 마을에서 덕망이 높기로 소문난 사람이 있었다. 도덕적이고 청렴한 사람이었다.

'저 사람이라면 남들보다 천국에 더 가까이 다가가 있겠지. 분명히 그는 천국에 들어갈 자격이 있을 거야.'

하지만 예수는 덕망 있는 사람도 선택하지 않았다.

예수가 다시 주변을 둘러보았다. 그의 눈에 어린아이가 하나 보였다. 아무도 예수가 아이를 선택할 것으로 생각하지 않았다.

'천국에 한 발자국은커녕 일 센티미터도 가까이 다가서지 않은 어린아이를 선택할 까닭이 없지.'

질문을 한 사람이 생각했다.

아이는 주변에서 일어나는 상황을 재미있게 보고 있었다.

그때 갑자기 예수가 아이를 부르더니 두 팔로 안아 올렸다. 그리고 군중을 향해 이렇게 말했다.

"누구든 이 어린아이와 같이 되지 않고서는 신의 왕국에 들어갈 자가 하나도 없다."

이 말을 기억해야 한다. 예수는 '누구든 이 어린아이와 같이 되지 않고서는'이라고 말했다. '오직 어린아이들만이'라고 말하지 않았다. 이 두 문장 사이에는 큰 차이가 있다.

예수는 '이 어린아이는 신의 왕국에 들어갈 것이다.'라고 말하지 않았다. 모든 아이는 파괴당할 수밖에 없다. 타락할 수밖에 없다. 모든 아담과 이브는 에덴동산에서 쫓겨날 수밖에 없다.

진정한 순수를 되찾는 유일한 방법은 순수를 잃어버리는 것뿐이다. 역설적으로 들리겠지만 삶의 법칙이 그렇다. 순수의 참된 아름다움을 알기 위해서 우리는 먼저 순수를 잃어버려야 한다. 그렇지 않으면 평생 그 아름다움에 대해 알 수 없다.

물을 벗어나 타오르는 모랫바닥을 경험한 적 없는 물고기는 바다가 어디에 있는지 알 수 없다. 타오르는 모랫바닥을 맛본 물고기만이 바다를 그리워한다. 바다로 돌아가기 위해 온갖 노력을 한다.

노력 끝에 바닷물 속으로 뛰어든 물고기는 과거의 그 물고기가 아니다. 똑같아 보이지만 더는 과거의 그 물고기가 아니다. 물고기에게 바다는 더는 과거의 그 바다가 아니다.

물고기는 새로운 가르침을 얻었다. 이제 물고기는 '이것이 바다고, 바다가 나의 인생이다. 바다가 없다면 나도 없다. 나는 바다의 한 부분이다.'라는 사실을 알게 된다.

모든 아이는 순수를 잃어버려야 한다. 그리고 되찾아 와야만 한다. 상실이 순수를 되찾는 전 과정의 절반을 차지한다.

사람들 대부분이 순수를 잃어버렸지만 찾아낸 사람은 얼마 되지 않는다. 애석한 일이다. 정말로 애석한 일이다. 모든 사람이 순수를 잃어버렸는데 극소수의 사람들만이 찾아냈으니 말이다. 붓다와 자라투스트라, 크리슈나, 예수만이 그것을 다시 찾아냈다.

에덴동산에서 쫓겨난 아담이 집으로 돌아오고 있다. 이브가 돌아오고 있다. 물을 떠난 물고기처럼 에덴동산을 떠난 아담과 이브가 돌아오고 있다. 그들은 바다를 떠나 불행을 보았다. 어리석음을 보았다. 바다를 떠나서는 더없는 행복조차 없음을 보았다.

어느 사회나 종교, 문화권의 한 부분이 된다는 것은 곧 불행과 더불어 살아간다는 뜻이다. 죄수로 살아간다는 의미이다. 우리가 이 사실을 깨닫는 순간, 손목에 채워진 쇠사슬이 끊어진다.

우리는 성숙해진다. 순수를 되찾게 된다.

성숙과 노화

성숙과 노화 사이에는 큰 차이점이 있다. 흔히 사람들은 이 두 가지에 대해 혼동된 견해를 가지고 있다.

사람들은 노화가 곧 성숙이라고 생각한다. 노화는 육체에 일어나는 현상이다. 모든 사람은 나이가 들고 늙어간다. 나이가 들고 늙어간다고 해서 모두 성숙해진다는 뜻은 아니다. 성숙은 내면적인 성장을 의미한다.

우리는 육체에 일어나는 현상인 노화를 마음대로 조정할 수 없다. 생로병사는 인간의 몫이 아니다.

우리가 깨어 있는 삶을 살 때 성숙의 꽃이 피어난다. 성숙은 인간의 몫이다. 우리는 삶에 성숙이라는 양념을 첨가할 수 있다. 나이가 들어가되 항상 깨어 있는 의식으로 살아간다면 노화 속에서 성숙의 꽃이 활짝 피어난다.

하지만 대부분 사람들은 어떠한가?

마치 최면에 걸린 것처럼 무의식적으로 살고 있다. 내면에서 어떤 변화가 일어나는지 알지 못한 채 말이다.

분명히 변화가 진행되고 있지만, 전혀 느끼지 못한다. 기찻길에 서 있지만 기차가 지나가는 소리를 듣지 못하는 것과 같다. 행인처럼 내면에서 일어나는 변화를 전혀 눈치채지 못한다.

당연히 아무런 감흥도 없고 중요성도 느낄 수 없다. 물론 그 변화가 기억의 창고에 남아 있을 수 있다. 하지만 삶 속에서 우리에게 도움을 주지는 못한다. 우리가 조금만 깨어 있다면 지성이 될 수도 있는 변화들이 말이다.

우리의 부재로 인해 우리는 아무것도 배우지 못한다. 우리는 현존하고 있으나 부재한 것이나 마찬가지다. 결국 우리는 자신도 모르게 성장 대신 노화를 선택한 셈이다. 우리가 조금만 깨어 있을 수 있다면 똑같은 경험이 성숙의 열쇠가 될 수 있다.

삶을 살아가는 데는 두 가지 방식이 있다. 수면 상태로 사는 삶과 깨어 있는 삶이다. 수면 상태의 삶은 노화로 이어지다 죽음으로 끝난다. 매 순간 잠에 빠져 있다. 매 순간 늙어간다. 매 순간 죽어간다. 전 생애가 길고 지루한 죽음의 과정일 뿐이다.

깨어 있는 삶은 어떠한가? 우리가 깨어 있는 상태에서 하는 경험은 모두 지성이 된다. 우리가 하는 모든 행위가 지성이 된다. 왜냐하면 우리는 행위를 하는 자가 아니라 행위를 지켜보는 자이기 때문이다. 단지 표피만 보는 게 아니라 현상의 깊이를 꿰뚫어 본다. 이해가 깊어지고 매 순간 깨어 있는 삶을 살게 된다.

내면 깊은 곳에서 변형이 일어나면서 각성의 눈이 더 커진다. 실수하게 될 때조차 우리는 경험을 얻게 된다. 더는 같은 실수를 하지 않는다.

성숙한 사람은 같은 실수를 반복하지 않는다. 하지만 늙어가는 사람은 똑같은 실수를 하고 또 할 수밖에 없다. 다람쥐 쳇바퀴 돌듯, 실수 속에서 아무것도 배우지 못한다.

당신이 지금 어떤 문제에 대해 화가 나 있다고 하자. 당신은 같은 문제에 대해 어제도 화가 났다. 그저께도 화가 났다. 당연히 내일도 같은 문제에 대해 화가 날 수밖에 없다.

계속해서 화를 내고 후회한다. 다시는 화를 내지 말아야겠다고 결심하고 또 화를 낸다. 다시는 같은 실수를 반복하지 않겠다고 결심하지만 아무 소용이 없다. 결심은 아무것도 바꾸지 못한다.

화가 날 때, 깨어 있는 의식을 가지고 화를 지켜보아라. 화를 낸다는 것이 얼마나 어리석고 쓸모없는 짓인지 알 수 있다. 당연히 어리석고 쓸모없는 짓을 반복하지 않게 된다. 더는 화를 낼 수가 없다.

분노는 죄가 아니다. 어리석은 짓일 뿐이다. 우리는 분노를 통해 우리 자신뿐만 아니라 다른 사람에게도 해악을 끼치게 된다. 아무런 이득도 없이 서로에게 상처만 입히고 만다.

성숙한 사람은 똑같은 상황이 반복되더라도 절대 화를 내지 않는다. 성숙한 사람은 절대로 화를 내지 않겠다는 결심을 하지 않는다. 결심은 그가 아직 성숙하지 못하다는 뜻이다.

성숙한 사람은 미래에 대해 미리 결정 내리지 않는다. 성숙한 사람은 지금, 이 순간을 살아갈 뿐이다. 지금, 이 순간의 삶이 내일을 결정한다. 성숙한 사람은 오늘을 산다. 나머지는 스스로 일어나게 되어 있다.

분노란 우리에게 고통을 준다. 분노는 유해 물질과 같다. 사람들은 지옥 같은 분노를 겪을 때마다 후회하고 결심을 한다. 혹은 절이나 교회를 찾아가서 회개한다.

"저는 이제 신 앞에 맹세합니다. 앞으로 절대 화를 내지 않겠습니다."

이런 맹세가 무슨 소용이 있는가? 분노가 유해하다는 것을 아는 순간, 상황은 종결된다. 분노의 모든 문이 닫힌다. 마치 물거품처럼 분노가 사라져 버린다.

똑같은 상황이 내일 또 벌어지겠지만 우리는 절대 그 상황에 영향을 받지 않는다. 이미 앞선 상황을 통해 교훈을 얻은 우리, 이해가 존재하는 한 우리는 사람들이 흔히 바보처럼 시달리는 상황 전체를 보면서 가볍게 웃어넘기거나 심지어 즐길 수도 있다. 이해는 오직 경험을 통해서만 성장할 수 있다.

물론 최면에 걸린 것처럼 살아갈 수도 있다. 99%의 사람들이 그렇게 살고 있다. 혹은 깨어 있는 의식을 가지고 적극적으로 살 수도 있다.

깨어 있는 의식으로 살아가는 삶, 우리는 매 순간 성숙해진다. 수면 상태로 살아가는 삶, 매 순간 늙어갈 뿐이다. 나이가 들어간다고 해서 절대 현명해지는 것은 아니다. 젊었을 때 바보 같았던 사람은 나이가 들어도 바보 같은 노인이 될 뿐이다. 나이가 들어간다고 해서 현명해진다고 생각하면 착각이다. 어쩌면 더 바보같이 굴 수도 있다. 로봇처럼 습관에 의존해서 살다 보면 젊었을 때보다 더 바보 같아질 수도 있다.

무의식적으로 살아간다면 우리는 결국 무의식적으로 죽게 될 것이다.

의식을 가지고 살아가는 사람에게 죽음은 존재하지 않는다. 죽음은 오직 노화를 거듭한 사람에게만 찾아온다.

물론 모든 사람은 죽는다. 하지만 성숙한 사람에게는 죽음조차 삶의 일부일 뿐이다. 죽음은 그가 산 삶의 절정이 된다. 그는 죽음을 통해서 가장 큰 배움을 얻게 된다. 그는 두 팔을 벌려 마치 가장 친한 친구를 맞이하듯 죽음을 끌어안는다.

성숙한 사람은 절대 죽지 않는다. 오히려 성숙한 사람 앞에서 죽음은 갈등과 좌절을 겪은 나머지 스스로 죽음을 선택하게 될 것이다!

죽음은 죽을 수 있으나 성숙한 사람은 죽지 않는다. 깨어 있는 의식을 가진 사람들이 우리에게 전달하려는 메시지가 바로 이것이다. 우리는 죽지 않는다!

　붓다와 예수는 그 사실을 알고 있었다. 우리는 죽지 않는다는 사실을 알고 있었다. 그들은 죽음 없는 삶을 살았다. 죽음이 그들의 주변에 도사리고 있었으나 그들은 냉담하고 무관심하게 죽음을 대했다. 왜냐하면 그들은 죽음이 가까운 곳에서 일어날 수 있으나 그들에게 일어날 수는 없다는 사실을 알고 있었기 때문이다.

　우리의 존재는 죽지 않는다. 우리의 존재는 더없는 행복으로 가득하다. 우리의 존재는 신성하다.

　우리는 누구나 이러한 더없는 행복을 경험할 수 있다. 죽음이 존재하지 않고 더없는 행복만이 남아 있는 경험을 할 수 있다. 경험은 경전이나 책을 통해서 얻어지는 지식과 다르다.

　더없는 행복은 책에서 얻을 수 없다. 우리 스스로 경험해 보아야만 한다.

　물론 이러한 경험을 한다는 것이 쉽지는 않다. 우리는 많은 고통을 뚫고 지나가야 한다.

　아픔과 고통이 두려워서 사람들은 수면 상태의 삶을 선택한다. 경험을 포기하고 철학과 원리를 믿는다. 소위 최면 상태에서 살아가야 한다고 주장하는 종교 지도자들과 정치인들을 추종한다.

　붓다와 예수가 왜 끊임없이 사람들에게 잠에서 깨어나라고 외쳤는지 알겠는가? 아무도 귀를 기울이지 않는데도 말이다. 모든 사람이 그들을 외면했는데도 말이다.

사람들이 붓다와 예수를 외면한 이유를 알고 있는가? 우리는 먼저 인산의 메커니즘에 대해 이해해야만 한다. 그렇지 않으면 당신도 그들처럼 내 말을 듣되 전혀 이해하지 못하게 된다. 내 말을 지식화 할 수는 있어도 그 진정한 의도를 성취하지 못한다.

"그래, 이 사람은 깨어 있으라고 말을 하는군. 깨어 있다는 것은 좋은 일이지. 깨어 있는 사람만이 성숙함을 얻는다고 하니까."

이런 식으로 내가 한 말을 지식화하여 그것을 다른 사람들과 공유할 수도 있다. 하지만 아무도 그 지식에서 도움을 얻을 수는 없다.

우리는 스스로 이런 질문을 해보아야 한다. 나는 진정으로 깨어 있는 삶을 살고자 하는가? 혹은 깨어 있는 삶이란 어떤 삶일까? 나는 왜 잠에 빠져서 살고 있는가?

깨어 있는 삶은 무한한 더없는 행복으로 향한 길이다. 궁극적인 진리로 가는 길이다.

앞서도 말한 것처럼 사람들은 고통이 두려워서 깨어 있는 삶을 외면한다. 각성은 고통을 동반한다.

의식이 깨어 있게 되면, 우리는 고통에 대해서도 깨어 있게 된다. 그리고 사람들 대부분은 고통을 겪으니 차라리 진정제를 맞고 잠에 빠져들기를 원한다.

잠에 빠진 삶이란 고통에 대한 자기방어이다. 여기에 함정이 있다. 고통이 두려워서 잠에 빠진 채 살아간다는 것은 그로 인해 기쁨도 외면하고 있다는 뜻이다.

이렇게 생각해 보자.

수도에 두 개의 수도꼭지가 있다. 한쪽에는 '고통'이라고 쓰여 있고, 다른 쪽에는 '기쁨'이라고 쓰여 있다. 당신은 지금 고통이라고 쓰인 꼭지를 잠그고 기쁨이라고 쓰인 꼭지를 틀고 싶다.

자, 게임의 법칙은 이렇다. 고통의 꼭지를 잠그면 기쁨의 꼭지도 즉각 잠긴다. 두 개의 수도꼭지는 사실상 하나의 수도꼭지에 속해 있다. 깨어 있는 의식, 혹은 각성이라는 수도꼭지에 속해 있다. 두 개의 꼭지는 동전의 양면과 같이 하나의 현상에서 비롯된다.

선택은 두 개의 수도꼭지를 함께 틀거나 두 개를 모두 잠그는 것뿐이다.

마음이란 모순적이다. 마음은 더 많이 행복해지기를 원하면서 깨어 있는 삶을 외면한다. 행복이란 우리가 깨어 있을 때 비로소 얻을 수 있다.

또한 마음은 덜 고통스럽기를 원한다. 우리가 깨어 있지 못할 때 덜 고통스럽다. 당연히 마음은 우리에게 진정제를 맞고 잠에 빠져들라고 말한다.

모든 사람이 딜레마에 빠져 있다. 행복은 좋은데 고통은 싫다고 외치는 마음 때문에 사람들은 딜레마에 빠져 있다.

우리가 고통을 원하지 않으면 삶에서 기쁨이 즉시 사라져 버린다. 행복이 사라져 버린다. 우리가 행복이라는 수도꼭지를 틀면 고통의 물도 함께 흘러넘친다.

삶은 고통과 기쁨이다. 우리는 두 가지 모두에 대해 깨어 있어야 한다. 삶은 행복과 불행이다. 우리는 양면 모두에 대해 깨어 있어야 한다. 삶은 낮과 밤이다.

고통을 두려워하는 사람은 잠에 빠져 살 수밖에 없다. 마치 최면에 걸린 것처럼 다른 사람의 생각과 의식으로 살아갈 수밖에 없다. 노화를 거듭하다 죽음을 맞이할 수밖에 없다. 삶이 가지고 있는 놀라운 기회를 놓칠 수밖에 없다.

우리가 깨어 있는 삶을 원한다면 고통과 기쁨에 대해서도 깨어 있어야 한다. 고통과 기쁨은 따로 떨어져 있지 않다.

깨어 있는 사람은 행복하다. 우리가 깨어 있게 되면 과거에 견딜 수 없었던 고통조차 마주 볼 수 있는 힘이 생긴다. 고통조차 고통스럽게 느껴지지 않는다.

한 선승이 죽어가고 있었다.

그의 모든 제자가 그 자리에 모여 있었다. 선승의 수제자도 있었다. 그는 꽤 유명한 사람이었다. 스승인 선승보다 더 널리 알려져 있었다. 수제자는 사원 계단에 앉아서 울음을 터뜨렸다. 그의 눈물이 계단을 타고 흘러내렸다. 그 자리에는 수천 명의 사람이 모여 있었다. 그들은 자신들의 눈을 믿을 수가 없었다.

깨달음에 도달한 사람이 울음을 터뜨리다니?

사람들은 높은 깨달음에 이른 수제자가 눈물을 흘린다는 사실을 믿을 수 없었다.

"믿을 수 없는 일입니다. 이게 무슨 일입니까? 당신이 울고 있다니요. 당신은 우리에게 궁극적인 내면의 존재는 죽지 않는다고 가르치지 않았습니까? 죽음은 존재하지 않는다고 말하지 않았습니까? 그런데 지금 당신이 울고 있다니, 이게 무슨 일입니까? 당신의 가르침에 따른다면 스승의 존재는 여전히 살아 있는 게 아닙니까?"

사람들의 말을 들은 수제자가 눈을 뜨더니 이렇게 말했다.

"나를 방해하지 말다오. 내가 흐느껴 울 수 있도록 내버려 두어라. 나는 지금 스승 때문에 울고 있는 게 아니다. 그의 존재 때문에 울고 있는 게 아니다. 나는 단지 그의 육체 때문에 울고 있다. 그의 육체 역시 존재만큼이나 아름다웠다. 이제 그의 육체는 더는 존재하지 않을 테니 어찌 눈물을 흘리지 않을 수 있겠는가!"

이때 한 사람이 수제자를 설득할 생각으로 입을 열었다.

"많은 사람이 이곳에 모여 있습니다. 사람들은 당신이 아직 깨닫지 못했다고 생각할 겁니다."

그는 수제자의 눈물이 자칫 그의 명성에 흠을 낼 것이라면서 설득하려 들었다.

"사람들이 뭐라고 생각하든 나는 상관하지 않는다. 깨달음을 얻은 이후 나는 무한하고 더없는 행복감 속에서 살고 있다. 마찬가지로 나는 고통과 아픔에 대해서도 무한히 깨어 있다. 나는 더없는 행복의 크기만큼 고통과 아픔에 대해서도 전적으로 깨어 있다."

그렇다. 누군가 붓다를 때린다고 하자. 혹은 누군가 당신을 때린다고 하자. 붓다가 느끼는 고통은 당신의 고통보다 훨씬 크다. 왜냐하면 붓다는 기쁨 못지않게 고통에 대해서도 깨어 있기 때문이다. 그는 마치 물 위에 뜬 연꽃처럼 섬세하기 때문이다. 기쁨뿐만 아니라 고통에 대해서도 섬세하기 때문이다.

하지만 붓다는 고통에 머무르지 않는다. 그는 고통조차 초월한다. 고통을 인지하되 고통에 시달리지는 않는다. 구름이 붓다를 둘러싸고 있되 그가 구름이 되지는 않는다.

우리는 고통에 대해서 민감하지 못하다. 우리는 순식간에 잠에 빠져 버린다. 마치 술에 취한 사람처럼 난간에 머리를 부딪쳐 길거리에 쓰러져도 아무 느낌이 없다. 멀쩡한 상태에서 머리를 부딪쳤다면 굉장한 통증을 느꼈을 텐데 말이다.

붓다는 무한한 고통 속에 있다. 그리고 그는 고통을 무한히 즐기고 있다.

산꼭대기에서 아래를 내려다보면 어둠의 계곡이 수만 갈래로 펼쳐져 있음을 알 수 있다. 천국에 닿으려고 하는 사람은 누구나 뿌리를 지옥에 내려야만 한다. 기쁨을 얻고자 한다면 고통의 계곡을 지나가야만 한다. 우리가 기쁨만 취하고 고통을 피하려고 든다면, 발목을 묶은 채 달리기를 하려는 것과 같다.

혹은 적이 두려워서 문을 닫아걸고 그대 자신을 집 안에 가두는 것과 같다. 적뿐만 아니라 친구조차 그 집에 드나들 수가 없다. 연인조차 당신을 방문할 수 없다. 대문 앞에 서서 아무리 문을 두드려도 두려움에 찬 그대, 연인을 향해 대문을 열지 못한다.

사람들은 하나같이 문을 닫아걸었다. 적에 대한 두려움으로 문을 닫아 버렸다. 이제 적은 물론 친구조차 출입할 수 없다. 친구조차 적으로 만들어 버린 셈이다. 두려움을 빼고는 아무도 그 집을 드나들 수가 없다.

문을 열어라! 신선한 공기가 집 안으로 들어올 수 있도록. 신선한 공기가 들어올 때 위험도 함께 따라 들어올 수 있다. 친구가 들어올 때 적도 함께 따라 들어올 수 있다. 낮과 밤이 함께 들어오듯, 고통과 기쁨이 함께 들어오듯, 삶과 죽음이 함께 들어오듯 말이다.

고통을 두려워하지 마라. 고통에 대한 두려움은 우리를 마비시킨다. 외과 의사는 수술하기 전에 환자에게 마취제를 주사한다. 그렇지 않으면 고통이 너무 커서 환자가 견딜 수 없기 때문이다. 환자의 의식을 흐려 놓지 않으면, 희미하게 해놓지 않으면 고통 때문에 그의 몸을 자르고 붙일 수 없다.

고통에 대한 두려움으로 우리는 흐릿해진 의식 속에서 살아가고 있다. 살아 있으나 살아 있지 않다.

두려움을 버려야 한다. 두려움을 정면으로 마주 보아야 한다. 고통을 뚫고 지나가야만 한다. 그때 비로소 친구가 방문할 모든 가능성의 문이 열리게 된다.

고통과 기쁨, 그 둘을 알게 될 때 비로소 우리는 더 높은 단계로 옮겨갈 수 있다. 낮과 밤, 그 이중성을 알게 될 때 우리는 초월을 경험하게 된다.

깨어 있는 의식을 통해서 우리는 성숙의 계단을 올라갈 수 있다.

우리가 반드시 기억해야 할 아주 기초적인 사실이 있다. 삶은 모순이다. 삶은 이중적이다. 삶은 두 반대 극이 만들어내는 리듬이다.

행복은 불행을 동반한다. 조화가 불협화음을 동반하듯 말이다. 영원한 불행이 없듯, 영원한 행복도 없다. 영원한 조화가 없듯, 영원한 불협화음도 없다.

모든 사람이 영원히 행복하다면 행복은 순식간에 그 의미를 잃어버리게 된다. 영원히 조화를 유지하게 된다면 조화의 참된 의미를 잃어버릴 수밖에 없다. 누가 조화 따위에 신경을 쓰겠는가?

행복은 불행을 동반하기 때문에 아름답다. 조화는 불협화음을 동반하기 때문에 귀할 수밖에 없다. 기쁨은 고통을 품고 있으므로 소중하다. 마찬가지로 고통은 기쁨을 품고 있으므로 소중하다.

우리는 누구나 이러한 존재 세계의 이중성을 이해해야만 한다.

행복을 받아들이듯 불행을 받아들여라. 기쁨을 받아들이듯 고통을 전적으로 받아들여라. 기쁨만 취하고 고통은 외면하려 들지 마라. 불가능한 일이다. 기쁨만 있고 고통은 없어야 한다는 욕망을 품지 마라. 기쁨은 혼자서 존재할 수 없다. 모든 것은 그 반대급부가 필요하다.

고통이라는 칠판이 있어야 그 위에 적힌 기쁨이라는 분필 글씨가 명료하게 보인다. 마치 별이 밝은 대낮이 아닌 어두운 밤하늘에서 더

밝게 빛나는 것처럼 말이다.

낮이 되면 별은 보이지 않는다. 밤이 되어 하늘이 어두워져야 별이 잘 보인다. 모든 것은 그 반대급부가 필요하다.

죽음이 없는 삶을 상상해 보아라. 삶은 참을 수 없는 고통이 될 게 뻔하다. 죽음이 없는 삶이라니, 얼마나 끔찍한 일인가? 죽음은 삶을 명확하게 만들어 준다. 삶에 강렬함을 부여한다.

흐르는 물처럼 빠르게 지나가는 삶, 매 순간이 귀하지 않을 수 없다. 만일 삶이 영원하다면 누가 그 소중함에 대해 거들떠보기나 하겠는가?

늘 내일을 기다리기만 할 뿐, 누가 지금, 이 순간을 살려고 하겠는가? 내일 죽음이 우리를 기다리고 있으므로 이 순간이 귀할 수밖에 없다. 지금, 이 순간을 전적으로 살 수밖에 없다. 삶의 궁극적인 깊이에 도달할 수밖에 없다.

우리에게 내일이 있을지 없을지 누가 아는가? 누가 우리에게 내일이 있다고 장담할 수 있는가? 내일은 올 수도 있고, 오지 않을 수도 있다.

불행이 찾아오거든 두 팔을 벌리고 환영해 주도록 해라! 행복이 찾아오거든 그대로 환영해 주도록 해라! 그 둘은 같은 게임을 즐기고 있는 파트너들일 뿐이다.

기억해라! 우리가 이 사실을 가슴 깊이 새길 수 있다면 우리의 삶 전체가 전적으로 새로운 향기를 얻게 된다. 자유의 향기, 무집착의 향기. 무엇이 찾아오든 평정을 잃지 않는다. 무엇이 찾아오든 침묵 속에서 그대로 받아들인다.

　침묵 속에서 고통을 받아들이는 사람에게는 고통조차 보물이 된다. 불행조차 보물로 변형된다. 죽음조차 끝이 아니라 미지의 세계로 떠나는 새로운 시작이 된다.

성숙한 영혼

성숙한 사람은 이상한 사람이다.

우선 성숙한 사람은 자아에 묶이지 않는다. 성숙한 사람은 하나의 존재일 뿐이다. 성숙한 사람은 그의 현존으로 표현된다.

성숙한 사람은 어린아이와 같다. 단순하고 순수한 어린아이. 성숙한 사람이 이상한 사람이라고 표현한 이유가 여기에 있다.

성숙한 사람은 육체적으로는 나이가 들었으나 정신적으로는 순수한 어린아이일 뿐이다. 성숙은 단순히 살면서 얻어지는 경험만을 일컫지 않는다. 그런 사람은 어린아이가 될 수 없다. 지금, 이 순간을 살 수도 없다. 그는 기껏해야 경험이 많은 지식적인 사람이 될 뿐이다.

성숙은 인생 경험과 무관하다. 오히려 내면의 여행, 내면적 경험과 더 밀접한 관계를 맺고 있다.

내면으로 깊이 들어갈수록 더욱더 성숙해지는 사람. 존재의 핵심에 도달하게 되면서 완벽한 성숙에 이르는 사람. 자아가 사라지고 오직 존재만이 남아 있는 사람. 오직 침묵만이 남아 있는 사람. 지식이 사라지고 오직 순수만이 남아 있는 사람.

나는 성숙이란 이해와 이음동의어異音同義語라고 생각한다. 이 말은 곧 내면의 잠재력이 절정에 달해야 행위로 드러난다는 뜻이다. 씨앗이 멀고 먼 여행을 마친 후 비로소 꽃으로 활짝 피어나는 것과 같다.

성숙은 꽃향기를 가지고 있다. 성숙은 그것을 얻은 사람 누구에게나 놀라운 아름다움을 전해 준다. 지성, 날카로운 지성을 전해 준다.

성숙한 사람에게는 사랑만이 남는다. 성숙한 사람이 하는 행위는 하나같이 사랑이 된다. 심지어 무위조차 사랑이 된다. 삶이 사랑이 되고, 죽음이 사랑이 된다. 성숙한 사람은 그 자신이 사랑의 꽃이 된다.

성숙에 대한 서양의 정의는 굉장히 유치하다. 서양에서 성숙이란 인생 경험을 통해 노련해진다는 뜻을 담고 있다. 단단한 돌 같은 자기방어와 안정으로 무장한 사람을 성숙한 사람이라고 부른다. 누구에게도 속지 않는 사람을 성숙한 사람이라고 부른다. 이 개념은 서양에 상당히 일반화되어 있다.

사회는 이런 유형의 성숙한 사람들로 가득하다. 하지만 내가 이해하는 성숙은 서양의 그것과 전적으로 다르다. 오히려 정반대되는 개념이다. 내가 말하는 성숙은 우리를 단단한 돌처럼 만들지 않는다. 오히려 훨씬 민감하고 부드럽고 단순하게 만들어 준다.

이런 이야기를 들은 적이 있다.

보름달이 뜬 어느 날 밤, 도둑이 실수로 신비가의 오두막에 들어가게 되었다. 실수가 아니었다면 어떤 도둑이 가난한 신비가의 오두막에 들어가겠는가?

집 안을 둘러보던 도둑은 놀라지 않을 수 없었다. 집 안에는 그야말로 아무것도 없었다. 훔쳐갈 만한 물건이 단 한 가지도 없었다.

도둑이 집 안을 두리번거리고 있을 때 한 남자가 손에 초를 들고 나타났다. 남자가 입을 열었다.

"어두운 데서 무엇을 찾고 있는 게요? 왜 나를 깨우지 않았소? 나는 방문 앞에서 잠을 자고 있었는데, 나를 깨웠더라면 내가 집 안을 두루 보여 주었을 텐데 말이오."

단순하고 순수해 보이는 신비가는 그를 전혀 도둑으로 생각하지 않는 것 같았다.

신비가의 얼굴을 보면서 도둑이 말했다.

"당신은 모르나 본데, 나는 도둑입니다."

그러자 신비가가 말했다.

"상관없소이다. 모든 사람들은 다 나름대로의 이름을 가지고 있으니 말이오. 중요한 것은 내가 이 집에서 30년을 살았지만 아무것도 발견하지 못했다는 것이오. 우리 함께 찾아봅시다! 나 혼자서는 아무것도 찾지 못했소. 이 집은 그야말로 텅 비어 있으니 말이오. 만일 우리가 무언가를 찾게 된다면 우리는 파트너가 되는 거요."

도둑은 그만 겁이 덜컥 났다.

'저 남자, 좀 이상한데 미친 게 아닐까? 저 사람이 어떤 사람인지 누가 알겠는가?'

도둑은 도망치는 게 낫겠다고 생각했다. 그는 다른 두 집에서 훔쳐온 물건들을 오두막 밖에 두고 들어온 참이었다.

신비가는 겨우 담요 한 장을 가지고 있었다. 그가 가진 전 재산이었다. 막 도망치려는 도둑을 붙잡으면서 신비가가 말했다. 어둡고 추운 밤이었다.

"이런 식으로 떠나다니 안 될 말이오. 그것은 나를 모욕하는 행위나 다름없소. 한밤중에 가난한 사람이 내 집을 찾아왔는데, 빈손으로 가게 할 수는 없소. 나는 빈손으로 당신을 떠나보낸 나 자신을 용서할 수 없을 게요.

이 담요를 가져가시오. 밖은 몹시 추우니 쓸모가 있을 게요. 나는 따뜻한 집 안에 있으니 담요가 필요 없소."

신비가가 도둑을 담요로 감싸 주자 도둑은 어찌할 바를 몰라 했다. 도둑이 당황하여 입을 열었다.

"지금 무슨 짓을 하고 있는 겁니까? 나는 도둑입니다!"

그러자 신비가가 말했다.

"상관없소이다. 모든 사람들은 나름대로의 이름을 가지고 있고 나름대로의 할 일이 있는 법. 당신이 도둑질을 한다고 해서 무슨 대수겠소. 직업은 직업일 뿐이오. 제대로 하는 게 중요하지요!

당신에게 나의 축복을 주니, 잡히지 말고 완벽하게 일을 하시오. 잡혔다가는 곤란한 지경에 놓일 테니 말이오."

"당신은 좀 이상하군요. 당신은 벌거벗었고 아무것도 가진 것이 없는데, 이 담요를 주겠다고요?"

도둑의 말에 신비가는 이렇게 대답했다.

"걱정할 것 없소. 나도 당신과 함께 갈 테니…. 우리가 함께 살면 되지 않겠소? 이 집 안에는 담요를 제외하곤 아무것도 없소. 내가 가진 담요를 당신에게 주었으니 이젠 아무것도 남은 게 없소. 나는 이제 당신과 함께 살 생각이오. 당신은 보아하니 물건을 많이 가진 것 같은데, 우리는 이제 파트너가 되지 않았소? 내가 가진 모든 것을 당신에게 주었으니, 우리는 파트너가 된 것이오. 당신은 그저 나에게 약간만 주면 되오. 그거면 충분하오."

도둑은 자신의 귀를 믿을 수가 없었다. 그는 어서 이 집과 이 이상한 사람에게서 도망치고 싶을 뿐이었다.

"아니, 나는 당신을 데려갈 수 없습니다. 집에는 아내와 자식들이 있습니다. 내가 만일 벌거벗은 당신을 내 집으로 데려간다면 이웃 사람들이 뭐라고 하겠습니까?"

그러자 신비가가 말했다.

"그렇다면 안 되겠군. 나는 당신을 곤란한 상황에 처하게 할 생각은 전혀 없소. 그러니 어서 가시오. 나는 이 집에 남아 있을 테니 말이오."

도둑은 신비가가 말을 끝내기도 전에 얼른 집을 빠져나갔다. 그때 급하게 도망치는 도둑의 등에 대고 신비가가 소리를 쳤다.

"여보시오! 돌아오시오."

도둑은 단 한 번도 그토록 강한 목소리를 들어본 적이 없었다. 마치 칼날처럼 파고드는 그 목소리에 도둑은 그만 오두막으로 돌아올 수밖에 없었다.

"당신은 예의가 없는 사람이군. 내가 당신에게 담요를 주었으니 최소한 고맙다는 말은 해야 할 것이 아니오? 먼저 나에게 고맙다고 말하시오. 이 말이 언젠가 당신을 돕게 될 거요.

두 번째로 당신이 들어올 때 문을 열고 들어왔으니 나갈 때는 닫아야 할 게 아니오? 이 추운 밤에 나는 당신에게 담요까지 주었는데, 내가 벌거벗은 모습이 보이지 않소? 당신이 아무리 도둑이라고 해도 예의는 지켜야 하지 않겠소? 나는 아주 까다로운 사람이라오. 예의를 지키지 않는 사람을 보고 그냥 넘어갈 수 없으니, 어서 나에게 고맙다고 인사를 하시오."

도둑은 할 수 없이 '고맙습니다, 선생님.'이라는 말을 하고 나서 정중히 문을 닫은 뒤 도망치기 시작했다.

도둑은 이 모든 상황을 믿을 수가 없었다. 그날 밤 내내 도둑은 잠을 이루지 못했다. 아무리 생각해 봐도 도둑은 그렇게 강한 목소리를 단 한 번도 들어본 적이 없었다. 아무것도 가진 게 없는 사람에게 그런 힘이 있다니 믿을 수가 없었다.

다음날 아침, 도둑은 자신에게 담요를 준 사람이 위대한 신비가라는 사실을 알게 되었다. 아무것도 가진 게 없는 가난한 신비가의 집을 털다니, 이보다 더 추한 일은 없었다.

도둑이 생각했다.

'그는 정말로 이상한 사람이다. 내가 여태까지 살아오면서 온갖 종류의 사람들을 만나 보았지만, 그런 사람은 처음이었다. 단지 그를 기억해내는 것만으로 온몸에 전율이 일어나다니 이상한 일이다. 그가 나를 불렀을 때 나는 도망칠 수 없었다. 물건을 훔쳐서 얼른 도망칠 수 있었는데도 그의 목소리에 담긴 무언가가 나를 돌아가게 만들었다.'

도둑은 풀리지 않는 수수께끼 같은 지난밤의 사건으로 인해 머릿속이 복잡했다.

몇 달이 지난 후에 도둑이 잡혔다. 법정에 선 도둑을 향해 판사가 물었다.

"이 근처에 너를 아는 사람이 한 사람이라도 있느냐?"

판사의 질문에 도둑은 이렇게 대답했다.

"네, 저를 아는 사람이 딱 한 명 있습니다."

그리고 그는 가난한 신비가의 이름을 거명했다.

"그 신비가를 당장 불러들여라. 그의 증언 한마디가 만 명의 증언보다 낫다. 그가 너에 대해 하는 증언이면 판결을 내리기에 충분하다."

얼마 후 법정에 출두한 신비가를 향해 판사가 물었다.

"이 남자를 아는가?"

신비가가 대답했다.

"이 남자를 아느냐고 물었는가? 아는 정도가 아니라 그는 나의 파트너이다. 그는 나의 친구로 한밤중에 나를 방문한 적도 있다. 날씨가 너무 추워서 내가 그에게 담요를 주기도 했다.

당신이 보다시피 그는 지금 내가 준 담요를 사용하고 있다. 저 담요는 이 나라에서 모르는 사람이 없을 정도로 유명하다. 모든 사람들이 저 담요가 나의 것이라는 사실을 알고 있다."

이 말에 놀란 판사가 다시 물었다.

"저 남자가 당신의 친구라고? 그는 도둑질을 하는 사람이다."

그러자 신비가가 이렇게 말했다.

"그는 절대로 도둑질을 하지 않는다. 그는 아주 점잖고 공손한 사람이다. 내가 그에게 담요를 주었을 때도 정중하게 고마움을 표시한 사람이다. 그리고 떠날 때도 조용히 문을 닫고 나갔다. 그는 아주 예의 바르고 친절한 사람이다."

마침내 판사가 판결을 내렸다.

"당신이 그렇게 말한다면, 그가 도둑이라고 증언한 다른 증인들의 말은 모두 무시할 수밖에 없다. 그는 무죄다!"

법정을 빠져나가는 신비가의 뒤를 쫓아 나온 도둑이 신비가를 붙잡았다.

"지금 무엇을 하고 있는가? 왜 나를 따라오는 것인가?"

그러자 도둑이 말했다.

"이제 저는 절대로 당신을 떠날 수 없습니다. 당신은 나를 친구라고 불러 주었습니다. 당신은 나를 파트너라고 불러 주었습니다. 아무도 나를 당신처럼 존중해 준 사람은 없었습니다. 당신이 나를 점잖고 친절한 사람이라고 불러 준 첫 번째 사람입니다.

나는 이제 당신의 발밑에 앉아 당신같이 되는 법을 배울 것입니다. 당신은 어디에서 이러한 성숙함과 힘, 강인함과 통찰력을 익히셨습니까? 나는 그 누구에게서도 당신이 지닌 성숙함을 본 적이 없습니다."

신비가가 말했다.

"당신은 그날 밤, 내 기분이 얼마나 상했는지 알고 있는가? 당신은 가버리고, 밤이 너무 추워서 담요 없이 잔다는 것이 거의 불가능했다. 나는 할 수 없이 창가에 앉아 보름달을 바라보면서 시를 적었다.

내가 부자라면 이 완벽한 달을 그 가난한 친구에게 주었을 텐데,
어둠을 틈타 가난한 사람의 오두막을 찾아온 친구에게.
내가 부자라면 이 보름달을 그 가난한 친구에게 주었을 텐데,
하지만 어쩌랴. 나 자신도 가난한 사람인 것을.

내가 쓴 시를 보여줄 테니 나와 함께 가세."

신비가가 말을 이었다.

"나는 그날 밤 눈물을 흘렸다네. 도둑이라도 몇 가지 배워야 할 것이 있다는 사실을 아는가? 최소한 나 같은 사람을 방문하려면 하루나 이틀 전에 미리 통보를 해줘야만 하지 않겠나? 그래야 자네가 빈손으로 돌아가지 않도록 뭘 좀 마련해 볼 게 아닌가?

자네가 법정에서 나를 기억해낸 것은 정말 잘한 일이야. 그렇지 않았다면 그들이 자네를 못되게 다루었을 테니까. 그날 밤, 내가 자네에게 파트너가 되자고 제안했더니 자네는 거절을 했지. 이제 자네는 나와 함께 가고 싶다고 하는군. 그래, 같이 가세. 내가 가진 것은 무엇이든 자네와 함께 나눌 테니 나와 함께 가세. 하지만 기억하게나. 내가 자네와 나누려고 하는 것은 물질이 아니라 눈에 보이지 않는 것이라는 사실을."

그러자 도둑이 말했다.

"저 역시 당신이 나누고자 하는 것이 눈에 보이지 않는 것임을 직감할 수 있습니다. 당신이 저의 목숨을 구해 주었으니 이제 저의 목숨은 당신의 것입니다. 당신이 시키는 대로 하겠습니다. 저는 여태까지 목숨을 낭비하며 살았습니다. 당신을 보면서, 당신의 눈을 들여다보면서 한 가지 분명해지는 것이 있습니다. 당신이 나에게 변형을 일으켜 줄 것이라는 사실입니다. 저는 당신을 만난 바로 그날 밤, 이미 당신과 사랑에 빠져 버렸습니다."

성숙은 우리의 내면에서 피어나는 꽃이다.

내면에 성숙의 꽃이 피어나면 우리가 하는 행동 하나하나에서 향기가 느껴진다. 손짓 하나에서도 우아함이 느껴진다. 우리가 하는 행동은 무엇이나 시가 된다. 삶이 시가 된다. 걸음도 춤이 된다. 침묵은 음악이 된다.

성숙이란 바로 우리가 집으로 돌아왔음을 의미한다. 우리는 더 이상 성장해야만 하는 어린아이가 아니다. 우리는 이미 성장을 마친 어른이다. 우리는 잠재력의 최고치에 도달했다.

이상하게 들리겠지만, 태어나서 처음으로 나는 내가 아니고 나일 뿐인 상태를 체험하게 된다. 더 이상 오래된 사고와 망상, 잘못된 자기이해에 빠지지 않는다. 삶이 전적으로 새로워진다. 순결해진다. 삶에 변형이 일어난다. 우리의 삶 전체가 기쁨이 된다.

성숙한 사람에게 불행은 낯설게 느껴진다. 성숙한 사람은 그 자신뿐만 아니라 주변의 사람들을 불행하게 만들지 않는다. 다른 사람의 의견을 염려하지 않고 전적인 자유 속에서 자신의 삶을 살아간다.

남들의 의견을 심각하게 받아들이는 사람들은 유치하다. 남들 의견 때문에 자신이 원하는 것을 하지 못하는 사람은 유치하다. 기껏해야 남들이 듣고 싶어 하는 말이나 하는 사람은 유치하다. 정치가들은 사람들이 듣기 좋아하는 말만 한다. 사람들이 원하는 약속만을 늘어놓는다. 사람들의 희망사항을 충족시켜 줄 수 없다는 사실은 절대로 말하지 않는다. 그랬다가는 권력을 잃을 수도 있기 때문에 사람들이 원하는 말만 늘어놓는다. 사람들은 정직한 발언을 하는 사람을 정치가로 뽑지 않는다.

   이상한 세상이다. 정신병원이 따로 없다. 정신병원 같은 이상한 세상에서 깨어 있는 삶을 살아가는 사람이 진정으로 성숙한 사람이다. 자신의 내면에서 등불을 찾아낸 사람만이 복이 있다.

인생의 7년 주기

지금 이 순간을 살아가는 것이 가장 자연스럽다. 다음 순간은 이 순간 이후에 저절로 따라오게 되어 있다. 어린아이가 자라서 어른이 되기 위해 굳이 계획을 세울 필요가 없듯, 자연스럽게 모든 일은 일어나게 되어 있다.

인생에는 7년 주기가 있다.

생물학자들은 7년 주기로 우리의 몸과 마음이 변화한다고 말한다. 7년마다 온몸의 세포가 변하여 완전히 새로워진다. 7년마다 탄생을 반복한다는 뜻이다. 이 말은 곧 우리가 평균 잡아 70년을 산다고 할 경우, 우리의 몸이 열 번쯤 죽는다는 뜻이다.

다시 말해서 7년째 되는 해마다 모든 것이 변한다. 7년째 되는 해는 곧 변화의 계절이다. 70년 내에 변화가 완료된다.

탄생에서 출발해 죽음에 이르는 금을 긋는다고 할 경우, 70년 이내에 원이 완성된다는 말이다. 이 원은 열 개로 나눌 수 있다.

사실상 사람의 인생은 어린 시절, 청년기 그리고 노년기로 나누어져서는 안 된다. 7년마다 새롭게 나이를 먹고 새로운 걸음을 내딛는다고 볼 때, 앞선 세 가지 분류는 별로 과학적이지 못하다.

처음 7년간, 어린아이는 자기중심적이다. 어린아이는 자신이 세상의 중심이라고 생각한다. 가족 전체가 어린아이를 중심으로 움직인다. 아이가 필요로 하는 것은 무엇이나 즉시 충족된다. 아이가 원하는 것을 얻지 못할 경우, 아이는 짜증과 분노를 표현한다.

집안에서 아이는 황제처럼 군다. 어머니, 아버지 외에 가족 모두가 아이를 떠받든다. 가족 전체가 오직 아이를 위해서 존재하는 것 같다.

물론 아이는 똑같은 방식으로 세상조차 자신을 위해서 존재한다고 믿는다. 달도 아이를 위해서 뜨고, 태양도 아이를 위해서 뜬다. 계절의 변화는 말할 것도 없다.

일곱 살 어린아이는 그야말로 완벽한 이기주의자다. 아이는 전적으로 자기중심적이다. 정신과 의사들은 일곱 살짜리 어린아이를 자기만족에 사로잡힌 이기적인 존재라고 정의 내린다. 아이는 완전한 충족감에 사로잡혀 있다. 아이의 삶은 완벽, 그 자체다.

7년이 지나고 나면 커다란 변화가 일어난다.

아이는 더 이상 자기중심적인 삶을 주장할 수 없게 된다. 궤도이탈이 시작된다. 이제 아이는 궤도를 이탈해서 중심으로부터 벗어난다. 중심에서 벗어나 다른 사람들을 향해 움직여 간다.

아이는 친구들과 함께 어울려 다니는 패거리들을 누구보다도 중요하게 여긴다. 자기 자신에 대한 관심은 별로 없고, 오히려 다른 사람들, 혹은 더 큰 세상에 대한 관심으로 가득하다. 아이는 다른 사람들에 대해 알기 위해 모험을 시작한다. 탐구가 시작된다.

아이는 모든 것에 의문을 갖는다. 꼬리를 무는 질문이 이어진다. 아이에게는 모든 것이 물음표투성이다.

부모는 아이 때문에 죽을 지경이다. 쉴 새 없이 질문을 하는 아이가 귀찮아진다. 다른 사람들에 대한 의문, 세상에 대한 의문, 모든 것이 아이에게는 의문투성이다. 하늘은 왜 파랗죠? 신은 왜 세상을 창조했죠? 이것은 왜 이렇죠?

아이는 질문과 의심으로 가득한 철학자가 되어 사물의 핵심을 향해 움직여 가자고 억지를 쓴다.

아이는 속을 들여다보기 위해 나비를 죽이고, 장난감의 원리를 알기 위해 분해를 하고, 시계가 어떻게 째깍째깍 소리를 내는지 알기 위해 시계를 집어던진다.

여자아이는 여자아이에게, 남자아이는 남자아이에게 관심을 보인다. 남자아이들이 여자아이에게 관심을 보이면 당장 계집애 같다면서 놀린다. 남자아이들에게 여자아이는 흥미의 대상이 되지 못한다.

이 두 번째 단계를 정신분석학자들이나 심리학자들은 동성애의 시기라고 부른다.

열네 살이 되면서 세 번째 문이 열린다. 아이는 이제 더 이상 어린아이가 아니다. 남자아이들은 더 이상 남자아이들에게 관심을 보이지 않는다. 여자아이들은 더 이상 여자아이들에게 관심을 보이지 않는다. 친하게 지내기는 하지만 흥미가 없다.

일곱 살에서 열네 살 사이에 맺어진 우정이 인생에서 가장 깊은 까닭이 여기에 있다. 그 시절 마음은 동성애적이기 때문에 다른 어느 때보다 깊은 인간관계를 맺을 수 있다. 그리고 그때 맺은 우정은 영원히 남게 된다. 물론 나이가 들면서 사람들과 친분을 맺기도 하지만, 그 시절에 맺은 우정과 같은 친밀감을 맺기는 어렵다.

14년이 지나고 나면 남자아이들은 더 이상 남자아이들에게 관심을 보이지 않는다. 정서적으로 문제가 없는 경우라면 남자아이들은 여자아이들에게 관심을 보이기 시작한다. 비로소 이성애적인 성향을 띠게 된다. 자신과 다른 성에 관심을 갖기 시작한다. 물론 남자아이에게 관심을 보이는 남자아이도 있을 수 있지만, 이성에 대해 갖는 관심과는 다르다. 남자아이는 이제 소년의 시기로 접어든다.

여자에게 관심을 갖기 시작한 소년은 이제 비로소 다른 성에 눈을 뜨기 시작한다. 소녀가 남자에게 관심을 갖기 시작하면 새로운 세상이 시작된다.

열네 살은 변혁의 시기이다. 섹스에 대해 생각하기 시작하고, 성적인 환상이 꿈속에서 두드러지게 나타난다. 소년은 돈주앙이 되어 연애를 시작한다. 시심이 동하고 로맨스를 꿈꾸게 된다. 비로소 새로운 세상이 시작된다.

스물한 살, 정상적인 사람의 경우라면 남자는 사랑보다 야망에 열중한다. 롤스로이스를 원하고 거대한 궁궐을 탐낸다. 록펠러와 같은 대성공을 거두고 싶어 하는가 하면, 대통령이 되는 꿈을 꾸기 시작한다. 야망이 두드러지는 시기이다.

미래에 대한 욕망, 성공에 대한 욕망. 어떻게 성공할 것인가. 어떻게 경쟁에서 이길 것인가. 어떻게 갈등을 해결할 것인가. 그의 모든 관심은 오직 성공에 쏠려 있다.

그는 자연의 세계가 아닌 인간의 세계, 인간시장을 향해 전진해 간다. 광기의 세계로 진입한다. 인간시장에 대한 열망이 두드러지는 시기이다. 그의 존재 전체가 돈과 권력, 그리고 명예가 있는 시장을 향해 움직여 나간다.

모든 것이 제대로 흘러간다면 스물여덟 살이 되면서 남자는 모험으로 가득한 인생을 기피하기 시작한다. 여기서 내가 분명히 짚고 넘어가고 싶은 것이 있다. 제대로 흘러간다는 것은 자연의 순리대로 살아간다는 뜻이다. 자연스러운 현상을 역행하는 것은 제대로 흘러가는 게 아니다.

스물한 살에서 스물여덟 살 사이의 삶은 모험으로 가득하다. 그리고 스물여덟 살, 이제 그는 욕망은 충족될 수 없다는 사실을 안다. 그가 추구해 온 많은 것들이 이루어질 수 없다는 사실을 안다. 물론 바보들은 여전히 욕망의 뒤를 쫓아 달려가겠지만, 지성을 갖춘 사람은 스물여덟의 나이에 새로운 문을 열게 된다. 그들은 모험과 야망을 지양하고 안전과 안정을 지향하기 시작한다. 정착의 시기이다. 히피로 살던 시절은 스물여덟 살로 끝이 난다.

스물여덟 살이 되면서 히피들조차 정착을 시작한다. 혁명이라는 낱말이 그들의 수첩에서 사라져 버린다. 그들은 안정된 생활을 추구하고 은행 잔고를 비교하기 시작한다. 록펠러가 되고 싶은 욕망도 사라지고, 작더라도 안정된 생활을 할 수 있는 안락한 집을 꿈꾼다. 작은 집 한 채와 약간의 은행 잔고. 누구나 이 정도는 가지고 있어야 한다고 생각한다.

스물여덟 살, 그들은 보험회사를 찾아간다. 안정된 삶이 시작된다. 이제 떠돌이 건달은 온데간데없다. 집을 사고, 비로소 한 나라의 시민이 되어간다. 마을의 일원이 되고, 도시의 시민이 되고, 사회의 주류가 된다. 이제 그는 더 이상 떠돌이 건달이 아니다. 방랑의 시기는 끝났다. 그는 카트만두나 고아를 향해 짐을 챙기지 않는다.

아니, 고아뿐만 아니라 그는 아무 데도 가지 않는다. 방랑의 시기는 끝났다. 충분히 떠돌았고, 충분히 배웠으니 이제 그에게 남은 것은 안정과 약간의 휴식뿐이다.

서른다섯 살이 되면 에너지는 오메가 포인트에 도달하게 된다. 원이 반 정도 완성되고, 에너지가 감소하기 시작한다. 이제 그는 안정과 안락함을 추구한다. 보수적이고 진부한 사람이 되어간다. 혁명에 관심이 없는 정도가 아니라 반혁명가가 되어간다. 모든 변화를 거부하고 안정주의자로 자리를 잡아간다.

안정을 이미 찾았기 때문에 더 이상 혁명을 필요로 하지 않는다. 모든 혁명에 반대하고 현상유지를 희망한다. 안정을 깨는 어떤 변화도

원하지 않는다. 히피를 비난하고 혁명을 힐난하면서 그는 사회조직의 한 부분으로 자리를 굳혀간다.

당연한 현상이다. 예외적인 경우를 제외하고 영원히 히피로 남아 있을 사람은 아무도 없다. 그 시절은 지나갔다. 지나가는 게 당연하다. 고착되는 것이 오히려 부자연스럽다.

일곱 살에서 열네 살 사이에 우리가 동성애적 성향을 띠는 건 당연하지만, 평생 그 상태에 머물게 된다면 그 말은 곧 성장하지 못했다는 뜻이다. 몸만 성장했을 뿐, 여전히 어린아이 상태로 남아 있다는 의미이다.

여자를 만나고 남자를 만나고, 이성이 동성보다 중요해져야 한다. 이성과의 조화, 갈등, 불행 그리고 환희를 경험해야만 한다. 괴로움과 환희, 둘 다를 경험해야 한다. 괴로움과 환희는 일종의 훈련과 같다. 누구나 거쳐야 하는 필수적인 훈련 말이다.

서른다섯 살에 이르면 관습화된 세상의 한 부분이 되어간다. 전통을 숭배하고 과거를 중시한다. 베다와 코란, 성경을 중요시한다. 삶에 혼란을 초래할 수도 있는 모든 변화를 적대시한다. 이제 잃어버릴 것이 너무 많아졌기 때문에 절대로 젊었을 때처럼 혁명을 운운할 수 없다. 오히려 보호를 필요로 하게 되면서 법과 법정, 그리고 정부를 옹호하게 된다. 무정부주의자에서 정부 옹호론자로 변한다. 규칙과 단속, 억제를 주장한다.

마흔두 살, 생명 에너지가 감소하면서 몸과 마음에 걸쳐 갖가지 질병이 나타나기 시작한다.

　에너지가 죽음을 향해 흘러간다. 젊었을 때는 에너지가 끊임없이 생기고 활력으로 넘쳐흘렀다. 하지만 마흔두 살에 이른 지금, 매일매일 조금씩 약해진다.

　마흔두 살 이전에 형성된 습관에 대해 주의해야 하는 나이이기도 하다. 서른다섯 살 때까지는 음식을 아무리 먹어도 별 문제가 없었다. 그러나 마흔두 살, 과거의 습관대로 먹는다면 체지방을 감당하기 어려워진다. 또한 활력이 떨어지면서 음식을 많이 먹을 필요도 없다.

　서른다섯 살 때만 해도 음식을 많이 먹어야 했다. 하지만 생명 에너지가 죽음을 향해 가기 시작하면서 음식을 많이 섭취하면 오히려 역효과가 나게 된다.

　젊었을 때처럼 배를 음식물로 가득 채운다면 고혈압, 심장마비, 불면증, 위궤양 등과 같은 질병에 시달리게 된다. 이 질병들은 대개 마흔두 살쯤 나타난다. 마흔두 살은 가장 위험한 시기이다. 머리숱이 줄어들면서 흰머리가 나기 시작한다. 생명 에너지가 죽음의 에너지로 바뀌어간다.

　마흔두 살에 이르면 비로소 종교가 중요성을 띠게 된다. 과거에 취미 삼아 기웃거려 보았던 종교가 살면서 처음으로 중요하게 여겨지는 시기가 바로 이때쯤이다. 그도 그럴 것이 종교는 죽음과 밀접한 관계를 가지고 있기 때문이다. 죽음이 가까이 다가오면서 종교에 대한 욕망이 상승한다.

칼 구스타프 융은 그를 찾아온 사십대의 사람들만큼 종교를 절실히 필요로 하는 연령도 없다는 내용의 보고서를 내놓았다. 사십대의 사람들이 종교에 뿌리를 내리지 않으면 노이로제나 정신이상 증세를 보일 수도 있다. 비종교적인 사회의 경우, 사십대의 사람들이 의지할 대상을 찾지 못하기 때문에 위기를 겪을 수밖에 없다. 사회가 사람들에게 다른 차원의 삶을 제시해 주지 못하기 때문이다.

열네 살짜리 소년에게 사회는 섹스와 관련된 충분한 재료를 제공해 주면서 제 역할을 다했다. 마치 섹스가 모든 상품의 뒷면에 감추어져 있는 것 같다.

10톤짜리 트럭을 판매하는 데도 벌거벗은 여자를 내세운다. 심지어 치약 광고에도 벌거벗은 여자를 사용한다. 광고하는 물건이 트럭이든 치약이든 상관없다. 벌거벗은 여자가 트럭 뒤에, 혹은 치약 앞에 서 있어야만 물건이 팔린다. 트럭이 팔리는 게 아니다. 치약이 팔리는 게 아니다. 여자가 팔린다. 여자의 미소를 사려면 치약을 사야 한다. 곳곳에서 성이 상품화되고 있다.

종교성이 없는 사회는 젊은 사람들에게 천국이다. 하지만 늙은 사람들에게는 지옥이 따로 없다. 그리고 이 세상에 늙지 않는 사람은 한 명도 없다.

종교성이 없는 사회에서 마흔두 살은 천국과 지옥의 중간에 걸쳐 있게 된다. 마흔두 살, 무엇을 해야 할지 모른 채 노이로제에 시달린다. 한 번도 죽음을 맞이하는 법을 교육 받지 못한 사람들이 미치는 것은 당연하다.

　사회는 삶의 방법을 가르쳤으나 죽음의 방법은 가르치지 않았다. 삶에 대한 교육 못지않게 죽음에 대한 교육도 시급하다.

　대학을 두 개로 나눌 수 있다면 하나는 젊은 사람들을 위해, 다른 하나는 늙은 사람들을 위해 세워져야 한다.

　젊은 사람들은 그곳에서 섹스, 야망, 갈등과 같은 삶의 미학을 배울 수 있다. 그러다 나이가 들어 마흔두 살에 이르면 다시 대학으로 와서 죽음과 신, 명상을 배운다. 새로운 훈련, 수련을 통해 앞으로 그들에게 일어나게 될 새로운 국면을 대비할 수 있다.

　우리가 살고 있는 사회는 사람들을 지옥의 변방에 유배시켰다. 동양과 달리 서구 사회가 수많은 정신질환을 앓고 있는 이유를 아는가?

　동양은 사람들에게 종교에 대한 훈련을 조금이나마 시키고 있다. 여러 면에서 동양이 서구화되었지만 종교성이 완전히 사라지지는 않았다. 여전히 그 뿌리가 한 구석에 남아 있다.

　동양의 주류였던 과거의 종교성을 시장 한복판에서 찾아볼 수는 없지만 아직도 절이 있고 사원이 있다. 몇 걸음만 걸어가면 그 주류와 만날 수 있다.

　서양의 종교는 모두 죽었다. 마흔두 살에 이른 서구 사람들은 하나같이 위궤양을 앓고 있다. 각종 노이로제와 위궤양이 홍수를 이루고 있다.

　위궤양은 야망이 남긴 발자국이다. 야망에 찬 사람의 위에는 궤양이 생길 수밖에 없다. 야망이 그의 존재를 먹어치운다. 야망이란 결국 내가 나를 먹어치우는 행위에 불과하다. 야망이 만들어낸 긴장이 급기야 우리 자신의 위장을 먹어치우기 시작한다. 긴장으로 가득한 사람의 위장이 긴장으로 인해 이완되지 못하는 것은 당연한 일이다. 마음이 긴장하면 위장이 긴장하는 것은 당연한 일이다.

위궤양은 야망이 남긴 발자국이다. 위궤양을 앓고 있는 사람은 야망을 이룬 사람이다. 위궤양을 앓고 있지 않은 사람은 야망을 이루지 못한 빈곤한 사람이다. 서구화된 사회에서 야망을 이루지 못한 사람은 인생의 패배자로 불린다.

당신이 나이 마흔두 살에 첫 번째 심장마비를 경험했다면, 당신은 성공적인 사람에 들어갈 자격이 충분하다. 최소한 내각의 수상이거나 사업가, 혹은 유명한 배우가 아니면 그 나이에 심장마비를 겪을 수 없다. 심장마비는 성공의 상징이다.

성공적인 삶을 산 사람들은 심장마비에 걸리게 될 것이다. 아니, 걸려야만 한다. 그들의 내장기관은 야망과 욕망, 미래, 내일과 같은 독소에 찬 요소들로 가득하다. 미래에 대한 긴장이 곧 삶의 스타일이 되고 습관이 되어 깊게 뿌리를 내리고 있다.

마흔두 살, 또 한 번의 돌파구가 필요하다.

종교, 여태까지와 다른 삶을 살아야 한다. 이제 시간이 얼마 남지 않은 상태에서 어떻게 신에 도달할 수 있을까? 어떻게 해야 니르바나, 깨달음에 도달할 수 있을까? 환생의 이론을 보면 이런 부분이 있다.

아무것도 두려워하지 마라. 당신은 다시 태어난다. 태어나고, 태어나고 또 태어난다. 삶의 바퀴는 계속해서 움직이고 당신은 다시 태어난다. 두려워할 게 무엇인가? 시간은 충분하다. 그대 앞에는 아직도 억겁의 시간이 있다.

인도에서 세 가지 종교, 즉 자이나교와 불교 그리고 힌두교가 태어난 데는 나름대로의 이유가 있다. 세 종교는 환생을 믿는다. 서구의 종교와 전혀 다른 이론을 주장하는 이 세 종교는 서구 사회에서 자아의 근원이라고 믿는 신의 역할을 부정하는 대신 환생 이론에 표를 던졌다.

이 세 종교는 누구나 충분한 시간을 필요로 한다고 믿고 있다. 힌두교에서 궁극이라고 부르는 브라만에 도달하기 위해서는 많은 시간이 필요하다. 브라만에 도달한다는 것은 그들에게 굉장한 도전이 아닐 수 없다.

마흔두 살의 나이가 되어야만 이 도전에 흥미를 갖는다. 겨우 28년을 앞에 남겨둔 채 말이다. 마흔두 살에 종교에 대해서 느끼는 흥미조차 시작에 불과하다. 마흔두 살이 되어 우리는 종교의 세계에서 다시 어린아이로 돌아가게 된다. 겨우 28년을 앞에 남겨둔 채 말이다. 시간이 별로 없다.

힌두교에서 말하는 브라만에 도달하기에 28년은 턱없이 부족해 보인다. 자이나교에서는 이 목표를 모크샤 Moksha, 즉 과거의 모든 카르마에서 벗어난 궁극적인 자유라고 부른다. 문제는 몇 백만 번에 달하는 생을 살아오면서 도달하지 못한 모크샤에 무슨 수로 28년 이내에 도달하겠다는 말인가? 어떻게 전생에 엎지른 물을 다시 담을 수 있다는 말인가?

수백만 번에 달하는 전생, 나쁜 카르마도 있을 테고 좋은 카르마도 있을 텐데 어떻게 28년 안에 과거에 저지른 죄를 모두 씻을 수 있단 말인가? 말도 안 되는 소리다.

신은 너무 많은 것을 요구하고 있다. 신은 불가능한 것을 요구하고 있다. 주어진 시간이 28년뿐이니 사람들은 당연히 좌절감을 느낄 수밖에 없다.

불교에서는 신을 믿지 않는 것처럼 영혼을 믿지 않는다. 불교에서는 환생을 믿는다. 니르바나, 마지막 비우기, 전적인 비우기에 도달하기 위해 환생을 믿지 않을 수 없다.

몇 생 동안 축적된 쓰레기가 가득한 상태에서 어떻게 28년 안에 내면을 비울 수 있단 말인가? 아무래도 불가능한 임무처럼 보인다. 그런 까닭에 앞선 세 종교는 한 가지 사실에 동의한다. 더 많은 미래가 필요하고 더 많은 시간이 필요하다는 이론에 말이다.

야망이 있는 곳에는 늘 더 많은 시간이 필요하다. 야망을 이루기 위해 한 생을 소비해 버린 사람들에게 환생은 필수과목이 되어 버렸다.

나는 진정으로 종교적인 사람은 시간을 필요로 하지 않는다고 생각한다. 진정으로 종교적인 사람은 지금, 이 순간에 해탈을 이룬다. 지금, 이 순간에 깨달음에 도달한다. 종교적인 사람은 전혀 시간을 필요로 하지 않는다.

우리는 지금 이 순간에 해탈에 도달한다. 지금 이 순간에 해탈에 도달할 수 없다면 영원히 도달할 수 없다. 지금이 우리에게 주어진 유일한 시간이다.

마흔두 살, 처음으로 종교에 대해 강한 충동을 느낀다. 모호하고 명료하지 않은 혼돈스러운 충동이 일어난다. 무슨 일이 일어나고 있는지 제대로 알지 못한 채, 강렬한 흥미에 끌려 신전을 기웃거리고 교회를 찾아간다. 책상 위에서 먼지를 뒤집어쓴 성경책을 뒤적거리기도 한다.

마치 어린아이가 섹스가 무엇인지 모른 채 자신의 성기를 가지고 노는 것처럼 막연한 충동 속에서 신전과 교회를 기웃거린다. 어린 시절에 들은 적 있는 경을 외우기도 한다. 주로 할머니들이 긴장하게 되면 외우곤 하던 경을 말이다.

혹은 우리를 안내해 줄 만한 구루를 찾아 길을 나서기도 한다. 종교에 입문하기도 한다. 바쁜 일상을 틈타 경을 외우거나 기도를 하기도 한다. 암중모색하듯 막연한 탐구가 계속된다.

마흔아홉 살이 되면 탐구가 구체화된다.

마흔두 살에서 마흔아홉 살, 7년이라는 시간이 흐르자 탐구가 구체화된다. 새로운 결의감이 생기고, 외부에 대한 관심이 사라지고 없다. 물론 내가 앞서 강조한 것처럼 모든 것이 제대로 흘러갈 경우에 말이다. 내가 자꾸 이 말을 반복하는 이유는 제대로 흘러간다는 것이 쉽지 않기 때문이다.

마흔아홉 살, 남자는 더 이상 여자에 대해 관심이 없다. 폐경을 맞은 마흔아홉 살의 여자도 남자에게 관심이 없다. 연애는 물론 모든 게 유치하게 느껴진다. 미성숙해 보인다.

물론 이 모든 과정은 우리가 자연스러운 삶을 살아갈 때 가능하다. 대부분의 사회는 자연스러움을 억압하고 있다. 자연의 순리에 역행하는 것이 사회의 첫 번째 임무인 것처럼 말이다.

예컨대 동양에서는 섹스를 터부시하며 억압하고 있다. 열네 살짜리 소년을 어린아이 취급하며 섹스를 억압한다. 아직은 여자에 대해 생각할 때가 아니라면서 말이다. 부모들은 못된 소년들만이 여자를 생각한다면서 내 자식은 순수한 천사와 같다고 믿고 싶어 한다. 소년은 부모 앞에서 순수한 어린아이의 역할을 할 수밖에 없다.

열네 살 소년의 의식에는 이미 여자가 들어와 있다. 자연스러운 현상이다. 하지만 소년은 이러한 사실을 숨겨야만 한다. 자위행위를 하면서 섹스에 대한 열망을 숨겨야 한다. 밤마다 음란한 꿈을 꾸면서 천사 같은 얼굴로 부모를 대해야 한다.

동양에서 열네 살짜리 소년들은 죄책감을 안고 살아간다. 남들은 모두 정상인 것 같은데 자신만 이상한 짓을 하고 있다는 죄책감에 시달린다. 사실 같은 또래의 아이들도 자신과 같은 상태에 처해 있는데 말이다.

부모를 비롯한 주변 사람들은 소년에게 천사의 역할을 강요한다.

여자에 대한 생각은커녕 꿈에서조차 착한 소년으로 남아 있어 주길 기대한다. 하지만 이미 여자에게 흥미를 느낀 소년에게 이러한 사회의 기대는 에너지를 억압할 뿐이다.

서구 사회에서 이런 억압은 사라졌지만, 다른 종류의 억압이 계속되고 있다. 어쩌면 이것이 사회의 속성이 아닌가 싶다. 한 가지 억압을 포기함과 동시에 다른 것을 억압하기 시작하는 속성 말이다.

서구 사회는 마흔아홉 살에 이른 사람들에 대한 억압이 심각하다. 사람들은 그 나이에도 여전히 섹스를 계속해야 한다는 식의 억압을 받고 있다.

"지금 무슨 말을 하는 겁니까? 사람은 누구나 90살까지 섹스를 할 수 있습니다. 하물며 이제 겨우 마흔아홉 살인데 당연히 왕성한 섹스를 해야만 합니다."

사회가 이런 분위기를 조성하는 탓에 섹스에 대한 흥미를 잃어버렸을 경우 죄책감에 시달리게 된다. 사회가 요구하는 만큼 왕성한 섹스를 하지 못한다는 사실에 죄책감을 느낀다.

"무슨 말도 안 되는 소리입니까? 우리는 누구나 90살까지 섹스를 할 수 있습니다. 계속해서 섹스를 해야 합니다."

서구 사회는 섹스를 계속 해야만 몸이 제 기능을 할 수 있다고 주장한다. 섹스를 하지 않는 그 순간부터 생명 에너지가 감소되면서 곧 죽게 될 것이라고 위협한다. 마흔아홉 살의 나이에 섹스를 하지 않는다고 한다면 사회는 단번에 그를 발기부전으로 진단해 버린다.

일반 가정에서도 마찬가지다. 남편이 더 이상 섹스를 하지 않으면 부인은 말도 안 되는 소리라며 잔소리를 한다. 부인이 더 이상 섹스를 하지 않으면 남편은 '이건 심리학자들이 한 말에 도전하는 행위야. 잘못하면 성도착증이 될 수도 있어.'라면서 거부한다.

종교가 사회를 장악하고 있던 과거에 동양과 서양은 열네 살짜리 아이의 성을 억압했다. 성에 대한 관심을 종교에 저항하는 행위라고 규정지었다. 당연히 열네 살짜리 아이들의 에너지는 억압당할 수밖에 없었다.

마흔아홉 살, 성에 대한 관심이 사라지는 게 당연하다. 하지만 사회는 왕성한 섹스를 해야 한다며 사람들을 억압한다. 이상한 세상이다.

도대체 사회는 자연적으로 일어나는 현상을 왜 가만히 내버려 두지 못하는가? 열네 살짜리 아이들에게 금욕을 가르치는 것만큼 어리석은 일은 없다. 그러한 교육은 결국 한 인간을 억압하는 것에 지나지 않는다.

소위 전통과 권위는 섹스를 거부한다. 종교 지도자들과 정치인들도 섹스를 터부시한다. 억압의 교육을 받은 어른들도 섹스를 몹쓸 짓으로 취급한다. 당연히 성에 관심을 갖는 아이들에 대한 억압은 커지고, 아이들은 죄책감에 시달릴 수밖에 없었다. 자연스러운 현상이 부자연스러운 현상에 의해 억압을 당하는 셈이다.

사회는 성적인 에너지로 충만했던 열네 살 아이들에게 금욕을 가르친다. 그리고 마흔아홉 살의 어른들에게는 왕성한 섹스를 강요한다.

여기서 우리가 간과해서는 안 되는 사실이 있다. 열네 살, 섹스에 대한 관심은 지극히 자연스럽다. 마흔아홉 살, 섹스에 대한 관심이 시들해지는 것도 지극히 자연스럽다. 그리고 우리는 모두 자연스러운 삶을 살아야 한다.

7년 주기의 원은 완성되어야만 한다.

인도에서 쉰 살에 이른 사람은 반프라쉬Vanprash를 시작해야 한다고 주장한다.

쉰 살, 그의 눈은 숲을 향하고 등은 시장을 향해야만 한다.

반프라쉬는 아름다운 낱말이다. 이 말은 곧 눈이 히말라야, 즉 숲 쪽을 향해야 한다는 뜻이다. 등은 이미 그 생명을 다한 생활과 욕망, 야망을 향한다. 비로소 그는 홀로 있음 쪽으로, 자신의 존재를 향하여 움직이기 시작한다.

쉰 살 이전, 삶은 너무나 분주해서 당신은 홀로 있을 수가 없었다. 지고가야 할 책임이 막중 했고, 키워야 할 자녀들이 있었다. 이제 자녀들은 어른이 되어 결혼을 하고 안정을 찾았다. 당신은 마흔아홉 살이 되었다.

히피처럼 살던 자녀들은 스물여덟 살에 이르면서 히피 생활을 버리고 안정을 선택한다. 이제 당신은 땅에 집을 짓지 않는다. 내면에 집을 짓는다. 땅에 지은 집을 버리고 내면의 집을 향해 떠나는 나그네가 된다.

마흔아홉 살, 이제 숲을 바라보아야 한다. 내면으로 옮겨가야 한다. 점점 더 명상적인 삶을 살아야 한다. 가슴이 기도로 채워져야만 한다.

쉰여섯 살, 변화가 다가온다. 혁명이 일어난다. 이제 히말라야를 바라보는 것만으로는 충분하지 않다. 짐을 꾸려서 직접 여행을 떠나야만 한다. 직접 두 발로 그곳을 향해 떠나야만 한다. 삶이 끝나가고 있다. 죽음이 면전에 있다.

마흔아홉 살, 이성에 대한 관심을 잃어버린 것처럼 쉰여섯 살 그대, 다른 것에 대한 관심을 잃어버린다. 사회적 형식과 모임 등 쉰여섯 살이 되면 로터리 클럽이나 라이온스 클럽같이 유치한 것들에서 퇴직해야 한다. 옷을 차려 입고 로터리 클럽이나 라이온스 클럽을 찾아온 사람들을 보아라. 얼마나 어리고 유치해 보이는가.

어린아이들에게나 걸맞은 것이다. 남자들을 위한 라이온스 클럽, 아이들을 위한 새끼사자 클럽, 그리고 여자들을 위한 암사자 클럽까지 유치하기 짝이 없다. 어린아이들이라면 몰라도 라이온스 클럽과 암사자 클럽이라니…. 인간의 마음이 얼마나 조악한지 알 수 있다.

쉰여섯 살, 사회적으로 얽힌 모든 집착에서 벗어나 비로소 성숙해져야 할 시기이다. 충분히 누렸고, 충분히 배웠으니 이제 책장을 덮어야 한다. 모든 사람들에게 두 손을 모아 감사함을 표시한 뒤 얽힌 줄을 풀고 나와야 한다.

쉰여섯은 누구나 구도의 길을 가야 하는 시기이다. 구도의 길, 포기가 자연스러워진다. 구도의 길로 들어가기 위해서는 많은 것들을 포기해야만 한다. 삶에는 입구와 출구가 있다. 그 출구가 바로 구도의 길이다. 사회로부터 벗어나 구도의 길로 들어선다.

쉰여섯 살, 이제 다른 무엇에 대해서도 관심이 없다.

예순세 살이 되면 사람은 누구나 어린아이로 돌아간다. 오직 자기 자신에게만 관심이 쏠린다. 명상이란 바로 이런 것이다. 내면으로 옮겨가면서 모든 것이 떨어져 나가고 오직 나 하나만 남게 되는 것이 명상이다.

다시 어린아이로 돌아가면서 삶이 풍족해진다. 삶이 지성과 성숙, 이해로 풍성해진다. 다시 순수를 되찾아 내면으로 옮겨가기 시작한다. 이제 겨우 7년밖에 남지 않았으니 죽음을 준비해야 되지 않겠는가?

죽음을 맞이할 준비를 해야만 한다. 죽음을 맞이할 준비란 무엇인가? 행복하고 기쁘고 자발적으로 두 팔을 벌린 채 죽음을 맞이해야 한다. 죽음이라는 축제를 벌일 준비를 해야 한다.

신이 우리에게 이해와 존재의 기회를 주었다. 우리는 삶을 통해서 많은 것을 배웠다. 이제 휴식을 취하고 싶다. 궁극적인 고향으로 돌아가고 싶다.

이상한 나라의 앨리스처럼 이상한 나라에서 충분히 헤매고 다녔으니 집으로 돌아가야 한다. 이제 때가 되었다. 먼 길을 여행하던 왕이 그의 왕궁으로 돌아오듯 말이다.

예순세 살. 문을 완전히 닫아야 할 때가 되었다. 모든 에너지가 내면으로, 내면으로 들어간다. 에너지가 어느 곳으로도 흘러가지 않는다. 책을 읽을 필요도 없고 대화를 나눌 필요도 없다. 점점 더 침묵의 시간이 길어지고, 나 자신과 함께 하는 시간이 많아지며, 주변으로부터 벗어나 전적으로 혼자 남겨진다. 에너지가 점점 소멸되어 간다.

일흔 살에 이르면 우리는 외부로 향한 모든 문을 닫고 내면으로 들어갈 준비를 마치게 된다. 자연스러운 삶을 살아왔다면 죽음 직전- 죽기 9개월 전-우리는 죽음이 찾아오고 있음을 알 수 있다.

아기는 어머니의 자궁 안에서 9개월을 보낸다. 그와 똑같이 죽음이 찾아오기 9개월 전, 우리는 다시 자궁으로 돌아갈 때가 되었음을 깨닫게 된다. 어머니의 자궁이 아닌 우리들 내면에 있는 자궁으로 돌아갈 때가 되었음을 알게 된다.

인도 사람들은 신전의 가장 깊은 곳에 있는 성소를 가바 Garbha 즉, 자궁이라고 부른다. 우리가 들어가야 할 곳인 자궁이라고 부른다.

마지막 9개월, 이제 내면으로 들어가야 할 때가 되면서 우리의 몸이 곧 자궁이 된다. 언제나 불꽃이 활활 피어오르는 곳, 한 번도 불이 꺼진 적이 없는 곳, 신전의 한복판, 신이 살고 있는 그곳으로 들어가야만 한다. 이것이 바로 자연의 법칙이다.

이 자연의 법칙에서 미래는 필요하지 않다. 지금 이 순간을 살아가면 그뿐이다. 다음 순간은 이 순간 이후에 저절로 따라오게 되어 있다. 어린아이가 자라서 어른이 되기 위해 굳이 계획을 세울 필요가 없듯이, 자연스럽게 모든 일은 일어나게 되어 있다. 마치 강이 바다를 향해 흘러가는 것처럼 우리도 끝을 향해, 바다를 향해 흘러간다.

노를 휘저을 필요도 없다. 그저 흘러가면 된다. 이 순간을 살아가면 된다. 미래에 대해, 야망이나 욕망에 대해 생각하기 시작하는 그 순간, 우리는 이 순간을 놓치고 만다. 이 순간을 낭비하게 된다. 늘 무언가 부족한 상태에서 이 순간과 나 자신 사이에 거리감이 생긴다.

우리가 제대로 유년기를 보내지 못했다면 청년의 나이에 유년기를 다시 살게 된다. 끝내지 않은 숙제가 어디로 사라지겠는가? 반드시 숙제를 끝내야만 한다.

네 살짜리 어린아이는 춤추고 뛰어다니고 팔짝팔짝 뛰어오르면서 나비를 쫓아다닌다. 얼마나 아름다운가! 하지만 스무 살짜리 청년이 나비를 쫓아다니면서 팔짝팔짝 뛴다고 상상해 보아라. 그는 제 정신이 아닌 사람임에 틀림없다. 당연히 정신병원으로 그를 보내야 한다. 네 살의 나이에 자연스러웠던 행동이, 어린아이라면 당연히 그렇게 해야만 했던 행동이 스무 살에는 통하지 않는다. 만일 네 살짜리 어린아이가 나비를 쫓아다니지 않는다면, 어른들은 뭔가 잘못되었다면서 아이를 정신병원으로 보내게 될 것이다.

스무 살짜리 청년이 나비를 쫓아다닌다면 그 역시 정신병원으로 보내지게 된다. 그가 아직 성장하지 못했다는 의심과 함께 말이다. 몸은 다 컸지만 마음은 아직 뒤처져 있는 그. 아직도 어린 시절 어딘가를 배회하고 있음에 틀림없다. 숙제를 완벽하게 끝낼 기회를 얻지 못했기 때문이다. 유년기의 숙제를 완전하게 끝냈다면 그는 아름답고 순수하며 오염되지 않은 청년이 되었을 것이다. 뱀이 오래된 허물을 벗듯, 유년기를 벗어 버리고 새롭게 탈바꿈했을 것이다. 젊은 사람이 가져야 할 지성을 갖춘 청년이 될 뿐, 지진아처럼 굴지 않을 것이다.

마찬가지로 고리타분한 권위를 갖춘 사람들의 말에 귀를 기울이지 말고, 제대로 청년기를 살아야 한다. 그들은 우리의 젊음을 죽이고 억압하려고만 든다. 그들은 철저하게 섹스에 반대한다. 사회가 섹스를 억압하게 되면 결국 섹스가 한 사람의 삶 전체에 퍼져 독으로 변하게 된다. 그러므로 아무것도 억압해서는 안 된다. 젊음을 즐기고 섹스를 즐겨야만 그것의 노예가 되지 않는다.

열네 살과 스물한 살 사이가 인생에서 성욕이 가장 왕성할 때이다. 열일곱, 열여덟 살 근처가 성욕이 최고조에 달하는 시기이다. 평생 그 시기만큼 성욕이 왕성한 때는 없다. 그 순간들을 놓치게 되면 다시는 열일곱, 열여덟 살 때 도달할 수 있었던 아름다운 오르가슴에 도달할 수 없다.

사회는 사람들에게 스물한 살 때까지 금욕을 해야 한다고 강요한다. 이 말은 곧 섹스를 체험하고 이해하고 즐길 수 있는 절호의 기회를 놓치게 된다는 뜻이다. 스물 한두 살이 되면 이미 섹스의 노화가 시작된다.

열일곱 살에 우리는 성적으로 가장 왕성해진다. 세포에까지 미칠 정도로 강렬한 오르가슴에 도달할 수 있다. 마치 온몸이 오르가슴에 목욕을 하는 것 같다.

내가 섹스가 사마디 혹은 초월의식이 될 수 있다고 말할 때, 그 대상은 일흔 살 먹은 노인들을 두고 하는 말이 아니다. 나는 열일곱 살 청년들을 대상으로 말하고 있다. 나의 책『섹스에서부터 초월의식까지』를 읽은 노인들이 나를 찾아와 이렇게 물은 적이 있다.

"우리는 당신의 책을 읽어 보았습니다. 하지만 우리는 그런 상태에 도달해 본 적이 한 번도 없습니다."

어떻게 그런 상태에 도달할 수 있겠는가? 청춘을 다 보낸 마당에 무엇을 기대하고 있는가? 그들이 세포에까지 전달되는 오르가슴을 경험해 보지 못한 책임은 사회가 져야 한다. 내가 아니다.

열네 살에서 스물한 살 사이에 자유로운 섹스가 허용된다면 누구도 섹스의 노예가 될 필요가 없다. 완전히 자유로운 섹스가 허용된다면 누구나 섹스로부터 자유로워지게 된다. 플레이보이나 플레이걸 잡지 따위를 뒤적이지도 않는다. 책장이나 성경책 사이에 음란하고 추한 사진을 숨겨 놓지도 않는다. 이유 없이 여자들에게 돌을 던지거나 엉덩이를 꼬집는 추한 짓을 할 필요도 없다. 섹스에 강박적인 태도를 보이지도 않게 된다.

여자의 몸을 만질 수 있는 기회를 얻게 되면 절대로 놓치지 않는 남자들이 있다. 얼마나 추한 짓인가! 끝나지 않은 숙제가 남아 있기 때문이다. 호색적인 눈으로 여자를 바라보는 노인들도 있다. 세상에 이보다 더 추한 모습은 없다. 노인의 눈은 어린아이의 눈처럼 순수해야 한다. 모든 숙제를 끝마친 노인의 눈은 순수로 가득할 수밖에 없다.

섹스는 추한 게 아니다. 기억해라! 나는 섹스가 추하다고 말하고 있는 게 아니다. 섹스가 제때에, 제철에 피어난다면 그보다 아름다울 수 없다. 제철이 아닐 때 피어나는 섹스만이 추하다. 아흔 살 먹은 노인의 호색적인 눈에 비친 섹스는 질병일 뿐이다. 그것도 아주 추한 질병일 뿐이다.

젊은 사람의 성욕은 아름답다. 생명력과 활기가 그 안에 있기 때문이다. 나이 든 사람의 성욕은 채 살지 못한 삶, 텅 빈 인생, 그리고 성숙하지 못한 그의 모습을 반영한다. 섹스를 위한 기회를 놓친 그는 섹스와 성적인 망상의 주변을 서성거린다.

열네 살과 스물한 살 사이, 제대로 된 사회라면 섹스의 자유를 허용해야 한다. 그래야만 사람들이 성적인 망상에서 놓여날 수 있다. 질병이 사라지듯 섹스의 망상에서 벗어날 수 있다. 섹스가 무르익을 때, 섹스를 즐기고 시간이 다하면 잊어버린다. 섹스를 억압하지 않고 섹스를 즐긴 사람만이 섹스에 대한 생각에서 놓여날 수 있다. 섹스를 억압해 온 사람은 절대 섹스에 대한 생각에서 놓여날 수 없다. 평생 섹스에 대한 망상을 그림자처럼 달고 다닐 수밖에 없다.

섹스를 거부와 억압의 대상이라고 말하는 사람들의 말에 귀를 기울이지 마라. 자연의 순리대로 살아가라고 말하는 사람들에게 귀를 기울여라. 자연의 소리에 귀를 기울여라.

자연은 어떤가? 나무는 봄이 되면 꽃을 피우고, 바람이 불면 잎을 떨어뜨린다. 우리도 이렇게 자연의 소리에 귀를 기울여야 한다. 자연이 '사랑의 시간'이라고 말을 하면 사랑을 하고, 자연이 '내려놓을 때가 되었다'라고 말하면 내려놓는다. 어리석은 정신분석학자들의 말에 귀를 기울이지 마라. 그들이 아무리 정교한 증거들을 내세우면서 설득하려 들더라도 말이다. 그들이 섹스에 대한 수많은 연구와 실험을 했다 하더라도 말이다. 그들은 삶에 대해서 아는 게 하나도 없다.

소위 할례 학문의 마스터와 존슨이니 성생활 보고서를 작성한 킨제이 등은 모두 관음증 환자들에 불과하다. 하나같이 성적으로 문제가 많은 사람들이다. 그렇지 않다면 여자 성기를 연구하는 짓을 하겠는가?

그들이 성적으로 건강한 사람들이라면 여자가 섹스를 할 때 성기 안에서 무슨 일이 일어나는지를 무엇 때문에 관찰하겠는가? 누가 그런 일에 신경을 쓰는가? 난센스일 뿐이다. 성도착증에 걸린 사람이나 신경을 쓸 일이다.

마스터와 존슨은 성에 관한 한 전문가로 여겨지고 있다. 섹스에 문제가 있거든 마스터와 존슨에게 가리는 충고를 할 정도로 말이다. 내가 추측컨대 젊음을 헛되이 잃어버리고 제대로 된 성생활을 하지 못한 사람들이 마스터와 존슨을 찾아간다. 과거에 잘못된 것을 연구와 실험이라는 도구를 이용해 바꿔 보려는 헛된 노력일 뿐이다.

과학이라는 옷을 걸치면 모든 것이 가능해 보인다. 전기로 작동되는 가짜 페니스를 보아라. 전기 페니스는 여자의 질 안을 헤집고 다니면서 오르가슴이 외음순에서 일어나는지 질부에서 일어나는지를 추적한다. 혹은 어떤 호르몬은 활성화되고 어떤 호르몬은 활성화되지 않는가를 조사한다. 여자가 얼마나 오랫동안 섹스를 할 수 있는지 따위를 조사한다. 마스터와 존슨의 보고서에는 이렇게 적혀 있다. '여자는 임종의 순간에도 섹스를 할 수 있다.'

그들은 여자가 폐경 이후에 더 활발한 섹스를 할 수 있다고 주장한다. 49년이 지난 이후에 말이다.

마흔아홉 살 이전에 여자는 항상 임신에 대한 두려움에 시달린다. 약을 먹는다고 해도 백 퍼센트 임신 예방을 보장받지는 못한다. 당연히 섹스에 대한 두려움이 있을 수밖에 없다. 하지만 마흔아홉 살이 되면 폐경기가 되어 생리가 멈춘다. 임신에 대한 두려움이 없어진다. 여자는 비로소 완전한 자유를 얻게 된다.

앞서 열거한 마스터와 존슨의 이론이 맞는다면, 그들의 이론이 널리 퍼지게 된다면 나이 든 여자들은 모두 뱀파이어가 되고 말 것이다. 이제 무서워할 것이 없지 않은가? 권위 있는 연구 보고서에서 제시한 이론이니 지금이야말로 아무런 부담 없이 제대로 즐길 때가 된 게 아닌가? 겁날 게 없으니 남자들의 뒤를 마음껏 추적하지 않겠는가 말이다.

남자들에 대해서도 그들은 똑같은 이론을 주장하고 있다. 그들은 예순 살에 이른 남자들도 하루에 다섯 번 정도 섹스를 할 수 있다고 말한다.

예순 살 나이에 섹스를 하루 다섯 번씩이나 한다고? 이 남자가 과연 제대로 된 사람이겠는가? 호르몬이나 몸에 이상이 있지 않고서야 어떻게 이런 일이 가능하겠는가? 하루에 다섯 번씩이나 섹스를 하는 노인이 제정신으로 보이겠는가?

내 생각은 이렇다. 참고로 나는 여러 생을 거쳐 체험한 경험을 근거로 말하고 있다. 자연스러운 인생을 살아온 마흔아홉 살의 남자라면 여자에 대해서 관심을 잃게 마련이다. 강물이 멈추지 않고 흘러가듯 여자에 대한 관심도 흘러가 버린다.

자연에는 순리와 법칙이 있다. 상승은 하강으로 이어지고, 위로 솟은 물결은 다시 아래로 잦아든다. 때가 되면 모든 것은 떠나가야 한다. 한 자리에서 영원히 머무르는 것은 자연의 법칙에 어긋난다.

열네 살에 성욕이 찾아온 것처럼 마흔아홉 살이 되면 성욕이 떠나간다. 그런데 예순 살의 노인이 하루에 다섯 번이나 섹스를 할 수 있다니 잘못되어도 아주 크게 잘못되었다.

열네 살짜리 소년이 성욕을 느끼지 못하거나 열여덟 살 청년이 섹스에 대한 욕망이 없는 경우도 마찬가지다. 뭔가 크게 잘못되었다. 둘 다 의학적 진단이 필요하다. 몸이 자연스럽게, 제대로 기능을 못하고 있다고밖에 볼 수 없다.

어린 시절을 제대로 보낸 사람이라면 활발한 청년기를 보내게 될 것이다. 혈기왕성하고 생동감이 넘치며 거친 바다처럼 활기찬 에너지로 가득한 청년기를 보낸 사람은 안정적이고 평화로운 장년기를 보내게 된다. 그리고 그 안정된 삶에서 종교적인 의문이 생겨난다. 인생이란 무엇인가? 나는 누구인가? 생존만으로는 충분하지 않다. 삶이 가진 신비를 뚫고 들어가야 한다.

일상생활 속에서 명상의 향기가 피어나기 시작한다. 명상을 통해 이제 쓸모없게 된 쓰레기를 포기하게 된다. 한 가지, 영원히 그 가치를 잃지 않는 것 한 가지를 빼고 삶 전체가 쓰레기에 지나지 않는다. 당신의 깨어 있는 의식을 제외하면 모두가 쓰레기일 뿐이다.

일흔 살, 이제 죽음을 준비할 시기이다. 인생을 제대로 살았다면 말이다. 미래를 위해 지금 이 순간을 미루지 않았다면, 전체적으로 지금 이 순간을 살았다면, 죽음이 찾아오기 9개월 전 의식은 그 어느 때보다 명료해지게 된다. 의식이 너무나 밝아져서 죽음이 찾아오는 모습까지 볼 수 있을 정도다. 하지만 나는 깨달음에 도달한 성인들을 제외하고 9개월 전에 자신의 죽음을 선포한 사람을 본 적이 없다. 성인들은 죽음을 미리 선포하는 경우가 많다.

정확하게 9개월 전, 우리의 의식이 환한 빛처럼 명료해진다. 과거와 미래에서 자유로운 사람의 의식일 경우에 말이다. 과거와 미래는 서로 얽혀 있다. 미래에 대한 염려한 단지 과거의 투사일 뿐이다. 과거에 대한 회상이란 미래에 대한 계획에 지나지 않는다. 그 둘을 따로 떨어뜨려 생각할 수 없다. 현재만이 그 둘에서 벗어나 있다.

지금 이 순간을 사는 사람은 과거에 얽매이지 않는다. 미래에도 얽매이지 않는다. 그는 과거나 미래라는 짐을 부담스럽게 지고 다니지 않는다. 그는 새털처럼 가볍다. 정확하게 죽기 9개월 전, 그는 죽음이 찾아오고 있다는 사실을 알게 된다.

죽음을 앞에 둔 그, 기쁨에 차서 축제를 벌인다.

"내가 타고 갈 배가 도착할 예정이네. 이 강둑에서 조금 더 머무르다가 배가 도착하면 집을 향해 떠나게 될 거야.

이 삶은 너무나 아름답고 놀라운 경험으로 가득했네. 나는 많은 것을 배웠고, 많은 사람을 사랑했으며, 전체적으로 살아왔지. 풍요로운 삶이었다네. 빈손으로 이곳에 왔는데 수많은 경험과 성숙을 얻어 가지고 돌아가게 되었으니 얼마나 놀라운가!"

그는 좋은 일과 궂은 일, 옳은 일과 그른 일을 가리지 않고 살면서 일어난 모든 일을 향해 두 손을 모은다.

그는 삶에서 만난 모든 것에서 배움을 얻었다. 옳은 것뿐만 아니라 그른 것을 통해서도 커다란 가르침을 얻었다. 성자뿐만 아니라 죄인에게서도 배움을 얻었다. 모든 사람이 그에게 스승이었다. 친구들은 물론 원수조차도 큰 가르침을 주었다. 여름과 겨울, 만족감과 배고픔, 모든 것이 그를 도와주었다. 그러니 그 모든 것에 감사하지 않을 수 있겠는가!

모든 것을 향해 두 손을 모을 수 있는 사람은 비로소 죽을 준비가 된 사람이다. 죽음이라는 아름다운 경험을 하게 된 것을 축하하는 사람에게 죽음은 적이 아니다. 죽음은 가장 절친한 친구가 된다. 삶의 절정이 된다. 삶에서 도달할 수 있는 최고의 봉우리가 바로 죽음이다. 죽음은 삶의 끝이 아니다. 죽음은 바로 삶의 절정이다.

삶이 무엇인지 제대로 알고 있는 사람에게 죽음은 우리가 오를 수 있는 최고의 봉우리가 된다. 절정이 된다. 삶이 무엇인지 제대로 모르는 사람에게 죽음은 끝으로 보인다. 막다른 골목으로 보인다.

　죽음은 완전한 충족이다. 삶은 죽음에서 끝나지 않는다. 오히려 삶이 피워내는 꽃이 바로 죽음이다. 죽음은 꽃이다.

　죽음의 아름다움을 알고자 한다면 그것을 맞이할 준비를 해야만 한다. 두 팔을 활짝 벌린 채 죽음을 맞이할 준비를 말이다.

성숙한 관계

사랑은 열정이 아니다. 사랑은 감정이 아니다. 사랑은 퍼즐이 완성되는 것과 같다. 조각난 것들이 한데 모여서 이해로 완성된다. 마침내 완성된 원과 같다. 다른 사람의 현존으로 인해 당신의 현존이 더욱 확실해진다. 사랑은 상대방에게 완전한 자유를 준다. 사랑은 절대 소유가 아니다.

성숙한 관계

차이점, 무관심, 상호의존

사랑은 크게 세 가지로 나뉜다.

의존적인 사랑이 그 첫 번째로 사람들 대부분이 그러한 사랑을 하고 있다. 남편은 부인에게 의존하고 부인은 남편에게 의존한다. 의존적인 관계에서 서로를 악용하고 지배하려 들며 상대방을 소유의 대상으로 여긴다. 또한 상대방을 물건처럼 취급하기도 한다. 99퍼센트의 사람들이 이러한 사랑을 하고 있다. 천국의 문을 열 수 있는 사랑이라는 열쇠가 지옥의 문을 여는 데 쓰이고 있는 셈이다.

두 번째로 두 독립적인 존재 사이의 사랑이다. 이러한 사랑은 드물게 일어난다. 이 역시도 불행을 초래하기는 마찬가지다. 왜냐하면 둘 사이에 끊임없는 갈등이 존재하기 때문이다. 둘 다 너무나 독립적이기 때문에 타협의 여지가 없고 상대방에게 전혀 양보할 생각을 하지 않는다. 시인, 예술가, 사색가, 과학자 등 사고방식 면에서 독립적인 삶을 사는 사람들이 여기에 속한다.

　예술가들은 별난 사람들이다. 그들은 다른 사람에게 자유를 허용한다고 말한다. 그들의 자유는 무관심에 더 가깝다. 다른 사람들에게 크게 신경 쓰지 않는다거나 아무 상관없다는 식의 태도가 그들이 허용하는 자유의 모습이다. 그들은 각자의 공간을 존중한다. 그들이 맺은 남녀 관계는 형식에 불과할 뿐, 더 깊이 들어가기를 두려워한다. 그들은 사랑보다 자유에 대한 집착이 더 강하다. 자유를 앞에 두고 그들은 절대로 타협하지 않는다.

　세 번째가 상호 의존적인 사랑이다. 역시 드물게 일어나는 경우로 마치 파라다이스가 지상에 펼쳐지는 것과 같다. 두 사람, 독립적이지 않고 의존적이지도 않다. 그 둘은 서로를 위해 숨을 쉬는 것 같다. 두 개의 몸으로 이루어진 하나의 영혼과 같다. 이런 사랑을 우리는 진정한 사랑이라고 부를 수 있다. 앞선 두 종류의 사랑은 진정한 사랑이 아니다. 단지 사회적, 심리학적, 생물학적 결속에 불과하다. 세 번째 사랑만이 진정한 사랑이라고 불릴 자격이 있다.

필요와 주기, 사랑과 소유

　C.S 루이스는 사랑을 두 종류로 나누었다. '필요-사랑' 그리고 '선물-사랑'이 그것이다. 아브라함 마슬로 Abraham Maslow도 사랑을 두 종류로 나누었다. '결핍-사랑'과 '존재-사랑'이 그것이다. 우리는 둘 사이에 놓인 거리감을 이해할 필요가 있다.
　'필요-사랑' 혹은 '결핍 -사랑'은 상대방에게 의존적이다. 진정한 사랑이 아니라 필요에 의한 사랑이기 때문이다. 다른 사람을 일종의 수단으로 이용하면서 상대방을 악용하고 지배하려 든다. 그로 인해 상대방을 얕잡아 보게 되고 파괴하기에 이른다. 두 사람이 서로를 악용하는 관계이다. 서로가 지배와 소유를 주장하면서 상대방을 이용하려 든다.

다른 사람을 이용하는 행위는 아름답지 못하다. 겉보기에는 사랑처럼 보이지만 위장에 불과하다. 99퍼센트의 사람들이 이러한 사랑을 하고 있다.

우리는 어린 시절에 사랑에 대해서 처음으로 배우게 된다. 세상에 태어난 아이는 전적으로 엄마에게 의존한다. 엄마에 대한 아이의 사랑은 '결핍-사랑'의 관계이다. 아이는 엄마가 필요하다. 엄마 없이 아이는 생존할 수 없다.

아이가 엄마를 사랑하는 이유는 그녀가 바로 그의 생명이기 때문이다. 이것은 진정한 의미의 사랑이 아니다. 아이는 어떤 여자라도 사랑할 수밖에 없다. 자신을 보호해 주고 자신의 필요를 충족시켜 주는 어떤 여자라도 말이다. 아이에게 엄마는 일종의 음식과 같다. 아이는 엄마에게서 모유뿐만 아니라 사랑이라는 음식도 얻는다.

사람들 대부분이 평생 어린아이의 상태를 벗어나지 못한 채 살아간다. 나이를 먹되 그들의 마음은 여전히 유아기를 벗어나지 못하고 있다. 심리학적으로 그들은 유치하고 미성숙한 단계에 그대로 머물러 있다. 그들은 항상 사랑을 필요로 하고 마치 음식처럼 사랑을 갈망한다.

필요를 충족하려 들기보다 무조건적으로 사랑을 줄 수 있을 때 인간은 성숙해질 수 있다. 첫 번째 사랑은 더 많이 얻는 데 강조점을 두고 있다. 두 번째 사랑은 어떻게 하면 더 많이 줄 것인가, 어떻게 하면 무조건적으로 줄 것인가에 중점을 두고 있다. 오직 성숙한 사람만이 줄 수 있다. 왜냐하면 성숙한 사람만이 가지고 있기 때문이다. 상대방의 존재 여부는 중요하지 않다. 사랑은 상대방의 존재 여부에 영향을 받지 않는다. 사랑은 혼자서 자족한다.

아무도 찾지 않는 숲속 깊은 곳에서 꽃이 활짝 피어났다. 꽃의 향기를 즐기는 사람도 없고, 꽃의 아름다움을 칭찬하는 사람도 없다. 홀로 피어난 꽃이 어떤 반응을 보일 것이라고 생각하는가? 꽃이 그 자리에서 시들어버릴 것이라고 생각하는가? 외로움에 시달리다가 자살할 것이라고 생각하는가?

누군가 꽃을 찾아주든 그렇지 않든 꽃은 전혀 신경 쓰지 않는다. 여전히 잎을 활짝 열어 보인 채 향기를 퍼뜨릴 뿐이다. 아무도 칭찬해 주지 않더라도 상관없다. 꽃은 단지 신과 세상을 향해 활짝 피어난 기쁨을 전할 뿐이다.

나는 홀로 있을 때나 당신과 함께 있을 때나 여전히 당신을 사랑한다. 나의 사랑을 만들어낸 것은 당신이 아니다. 내가 느끼는 사랑이 그대에 의해서 만들어졌다면, 당신이 사라지고 나면 사랑도 사라질 게 아닌가? 나는 당신이 있든 없든 사랑의 소나기를 뿌리고 있다. 이것이 바로 '선물-사랑'이다. '존재-사랑'이다.

그런 까닭에 나는 C.S 루이스나 아브라함 마슬로의 이론에 동의할 수 없다. 그들이 '사랑'이라고 부르는 첫 번째 유의 사랑은 사랑이 아니다. 필요에 의한 만남일 뿐이다. 어떻게 필요를 사랑이라고 부를 수 있는가? 사랑은 화려하고 풍요롭다. 그 풍요를 혼자 어찌할 수 없어서 다른 사람과 나누게 된다. 마치 가슴 안에 담겨 있는 노래가 넘쳐흘러서 부르지 않을 수 없는 것과 같다. 누가 노래를 듣거나 듣지 않거나 상관없다. 아무도 듣지 않더라도 가슴에서 넘치는 노래를 불러야만 한다.

온몸에 가득한 춤을 출 수밖에 없다. 다른 사람이 그 춤과 노래를 듣거나 말거나, 마치 물이 차오르면 우물이 넘치는 것처럼 누구도 춤과 노래를 막을 수 없다. 흘러넘치는 노래와 춤은 아무도 막을 수 없다.

강물이 흐를 때, 누군가를 염두에 두고 흐르는가? 강물은 단지 흘러갈 뿐이다. 강물이 누군가의 갈증을 해소해 주기 위해서 흘러가는가? 그렇지 않다. 강물은 단지 흘러갈 뿐이다. 누군가 흐르는 강물로 갈증을 해소할 수도 있다. 목마른 사람이 우물을 파는 것처럼 선택은 우리에게 달려 있다. 단지 강물은 흘러갈 뿐이다. 논밭이 메말랐기 때문에 강물이 흘러가는가? 강물을 끌어다 논밭을 적셔 주는 것은 농부의 선택일 뿐, 강물은 그저 흘러갈 따름이다.

다른 사람에게 의존하는 사람은 언제나 불행하다. 의존은 우리를 노예로 전락시키고 급기야 우리 위에 군림하려는 상대방에게 복수를 하게끔 만든다. 다른 사람의 지배를 받고 싶어 하는 사람은 이 세상에 하나도 없다. 다른 사람에게 의존하고 싶어 하는 사람은 아무도 없다. 의존은 자유를 빼앗아간다. 사랑은 의존 관계 안에서 피어날 수 없다. 사랑은 공간을 필요로 한다. 활짝 피어날 수 있는 자신만의 공간을 필요로 한다. 사랑은 다른 사람의 방해를 받아서는 안 된다. 사랑은 아주 예민한 꽃과 같다.

다른 사람에게 의존하게 되는 바로 그 순간부터 우리는 상대방의 지배를 받게 된다. 마찬가지로 우리 역시 지배하려는 상대방을 지배하려 들 수밖에 없다. 소위 연인이라 하는 사람들 사이에서 갈등이 끊이지 않는 이유가 여기에 있다. 그들은 절친한 원수들로 끊임없이 갈등을 벌인다.

남편과 부인, 그들의 관계는 어떠한가? 사랑을 찾아보기가 힘들다. 싸움이 일상이고 사랑은 예외적이다. 그들은 온갖 방법을 동원하여 서로를 지배하려고 든다. 심지어 사랑조차 마음대로 지배하고 조정하려 든다. 남편이 부인에게 사랑을 요구하면 부인은 단번에 거절해 버린다. 인색한 그녀, 남편이 꼬리를 흔들면서 아첨을 해야만 마지못해 사랑을 준다.

남편의 경우도 마찬가지이다. 부인이 필요에 의해 남편에게 사랑을 요구하면 그는 단박에 피곤하다며 말을 자른다. 산더미같이 쌓인 일 때문에 과로에 시달렸다면서 말이다. 잠을 자면서 휴식을 취해야 한다고 부인을 냉대한다.

상대방으로 하여금 굶주리게 하고, 허기로 인해 더 많은 것을 요구하게 만드는 행위는 다른 사람을 지배하고 싶은 욕망 때문이다.

원하는 것을 얻어내기 위해 부인은 당연히 외교적인 수단을 쓰기에 이른다. 가정에서 남자는 돈을 벌어 온다는 명목으로 인해 일종의 주도권을 가지고 있다. 육체적으로도 남자가 여자보다 우월하다. 인간의 역사를 훑어 보건대 남자는 언제나 여자보다 강하고 우월한 존재라는 교육을 받아왔다. 남자는 항상 여자가 남자보다 약할 수밖에 없는 상황들을 찾으려고 안간힘을 쓴다.

남자들은 대개 자신보다 더 높은 교육을 받은 여자와 결혼하기를 꺼려한다. 그도 그럴 것이 남자는 여자와 힘의 면에서 동등한 위치에 서고 싶지 않기 때문이다. 남자는 자신보다 키가 큰 여자와 결혼하고 싶어 하지 않는다. 키가 큰 여자는 아무래도 남자보다 우월해 보이기 때문이다.

지나치게 지식적인 여자를 꺼리는 이유도 마찬가지이다. 여자가 논쟁에서 우월한 나머지 남자가 가진 권위를 파괴할 수 있기 때문이다. 남자는 너무 유명한 여자와 결혼하고 싶어 하지 않는다. 여자의 유명세로 인해 자신이 그늘에 가려질까 두렵기 때문이다.

또한 인간의 역사를 통틀어 볼 때, 남자들은 여자가 남자보다 어려야 한다고 생각해 왔다. 왜 부인이 남편보다 나이가 많으면 안 되는가? 무엇 때문에 남자들은 어린 여자를 선호하는가? 그것은 나이가 많은 여자는 경험이 많아서 자칫 남자의 힘과 권위를 무너뜨릴 수 있기 때문이다.

남자가 언제나 자신보다 열등한 여자를 추구하다 보니 여자들은 자연히 수축될 수밖에 없다. 여자가 남자보다 키가 작아야 할 이유가 하나도 없다. 남자들이 키 작은 여자를 선택하는 까닭에, 키 큰 여자는 선택 받지 못한다는 생각이 여자들의 무의식 속에 자리 잡게 되었다.

마찬가지로 여자들은 지성을 잃어버렸다. 똑똑한 여자는 선택 받지 못한다는 선입관 때문이다. 똑똑한 여자는 골치 아프다는 남자들의 생각으로 인해 여자들은 지성까지 잃어버렸다.

아주 최근 들어서 여자들의 신장이 다시 커지기 시작했다는 사실을 알고 있는가? 뼈대가 굵어지고 골격도 넓어지고, 겨우 50년 전부터 이런 현상이 시작되었다. 특히 미국에서 이런 현상이 두드러지게 나타난다. 여자들의 두뇌는 물론 두개골까지 더 커지고 있다.

여자에게 있어 자유라는 낱말은 남자의 그것과 사뭇 다른 의미를 가지고 있다. 남자는 이미 힘을 가지고 있기 때문에 힘을 얻기 위해 똑똑해질 필요가 없다. 하지만 여자는 힘이 없기 때문에 자연히 그것을 얻기 위한 방법을 강구하게 된다. 결국 힘을 얻기 위해 외교적인 전술을 쓸 수밖에 없다. 즉, 남자로 하여금 여자가 필요한 존재라는 인식을 강화시켜 주는 것 말이다. 여자가 없이는 도저히 아무것도 할 수 없도록 남자들을 만들어 버린다. 이것은 사랑이 아니다. 경매장에 전시된 물품에 불과하다. 더 높은 값을 매기기 위해 안간힘을 쓰는 경매장과 무엇이 다른가?

C.S루이스와 아브라함 마슬로는 사랑을 두 종류로 나누었다. 첫 번째 종류의 사랑은 이름만 사랑일 뿐 위조지폐에 불과하다. 진짜 사랑이 아니다. 두 번째 종류의 사랑이 진짜 사랑이다.

사랑은 오직 성숙한 사람에게만 가능하다. 성장을 마친 사람만이 비로소 사랑할 수 있다. 사랑은 필요의 충족이 아니라 가슴에서 사랑이 차고 넘쳐흐를 때 가능하다. 아무런 조건 없이 줄 수 있을 때 가능하다.

첫 번째 종류의 사랑은 성숙한 사람의 풍성해진 내면이 흘러넘쳐서 이루어진 것이 아니라, 단지 필요를 충족시키고 싶은 욕망에서 비롯되었다. 사랑이란 홍수처럼 우리 안에 가득 차오른 사랑의 물이 밖으로 흘러넘치게 되는 것을 말한다. 마치 램프를 갖다 대는 순간 어둠 속으로 빛줄기가 퍼져 나가듯이 말이다.

사랑은 존재의 산물이다. 내가 나로서 존재할 수 있을 때 사랑의 오라가 주변에 가득해진다. 내가 나로서 존재할 수 없을 때 사랑의 오라를 찾아볼 수 없다. 사랑의 오라가 없을 때 우리는 다른 사람에게서 그것을 충족하려고 든다. 다른 사람에게 사랑을 달라고 요구하기 시작한다. 다시 말해서 남에게 줄 사랑이 없는 사람은 다른 사람에게 사랑을 달라고 요구하게 된다. 그 순간, 당신은 거지로 전락한다.

마찬가지로 상대방도 당신에게 사랑을 달라고 조르기 시작한다. 이제 두 거지가 만나서 서로에게 손바닥을 벌린 채, 상대방이 자신의 빈손을 채워줄 것이라고 기대한다. 결국 아무것도 얻지 못한 두 사람은 상대방에게 속았다면서 분통을 터뜨리게 된다.

길거리의 행인을 붙잡고 물어보아라. 세상의 남편이나 부인, 혹은 연인들에게 물어보아라. 하나같이 사랑에 속았다고 말할 것이다. 사랑을 가진 줄 알았던 상대방이 알고 봤더니 자신과 똑같은 거지였다고 항변할 게 뻔하다.

　나에게 없는 사랑을 다른 사람이 가지고 있을 것이라는 생각은 착각일 뿐이다. 당신의 착각이 깨졌다고 해서, 상대방이 당신의 착각을 충족시켜주지 못했다고 해서 누구 탓을 할 수 있겠는가?

　상대방이 당신을 속였다면 그대 역시 상대방을 속인 셈이다. 왜냐하면 상대방 역시 당신에게서 사랑이 흘러넘치기를 기대했을 테니 말이다. 텅 빈 동냥그릇을 서로에게 내민 채 동상동몽同牀同夢을 꾼 것과 같다. 그런 상태에서 어떻게 사랑이 피어나길 기대하겠는가? 기껏해야 함께 불행해지는 것뿐이다. 과거에는 혼자서 불행했지만 이제 두 사람이 함께 불행해진다. 더하기가 아니라 곱하기로 불행해진다.

　혼자 있을 때 절망적이던 사람은 둘이 있어도 절망스럽기는 마찬가지다. 한 가지 좋은 점은 절망에 대한 책임을 상대방에게 전가할 수 있다는 것이다. '당신이 나를 불행하게 만들었어.'라며 책임을 회피할 수 있다. '나는 잘못된 게 하나도 없는데 당신 때문에.'라며 끊임없이 상대방을 원망할 수 있다.

　얼마나 쉬운가? 끊임없이 잔소리를 해대는 부인을 둔 남편은 불행할 수밖에 없다. 끊임없이 남 탓을 하는 남편을 둔 부인은 불행할 수밖에 없다. 이제 책임 전가 게임이 시작되고, 상대방을 희생양으로 만들기 위한 노력이 계속되면서 불행은 두 배, 네 배로 커진다.

　역설적인 것은 사랑에 빠진 사람들에게는 사랑이 없다는 사실이다. 사랑이 없기 때문에 그들은 사랑에 빠진다. 사랑이 없기 때문에 당연히 다른 사람에게 줄 것도 없다. 한 가지 더, 성숙하지 못한 사람은 언제나 성숙하지 못한 사람과 사랑에 빠진다. 왜냐하면 그들은 서로의 언어를 이해할 수 있기 때문이다. 성숙하지 못한 사람은 성숙하지 못한 사람의 언어를 이해한다. 마찬가지로 성숙한 사람은 성숙한 사람과 사랑에 빠진다.

수천, 수백 번 남편을 바꾸고 부인을 바꾸더라도 당신은 결국 똑같은 유의 사람을 만날 수밖에 없다. 그리고 똑같은 유의 불행을 반복할 수밖에 없다. 형태만 다를 뿐, 똑같은 불행을 반복하면서 살아간다. 부인을 바꾸더라도 그대 자신이 변하지 않으면 아무 소용이 없다.

마찬가지로 남편을 아무리 여러 번 바꾼다고 한들 그대 자신이 변하지 않으면 똑같은 패턴의 불행을 반복할 수밖에 없다. 성숙하지 못한 당신이 선택하는 부인이, 혹은 남편이 성숙하지 못한 것은 당연한 결말이 아닌가? 얼굴만 다른 똑같은 부인, 혹은 남편을 선택할 게 뻔하지 않은가 말이다.

사랑의 가장 기본적인 문제는 바로 성숙이다. 성숙한 그대, 성숙한 사람을 선택할 수밖에 없다. 성숙하지 못한 그대, 성숙하지 못한 사람을 선택할 수밖에 없다. 마치 스물다섯 살짜리 여자가 두 살짜리 어린아이와 사랑에 빠지지 않는 것과 같다. 육체적으로, 정서적으로 성숙한 사람은 절대 어린아이와 사랑에 빠질 수 없다. 불가능한 일이다. 쓸모없는 짓이라는 것을 아는데 어떻게 사랑에 빠질 수 있겠는가?

성숙한 사람은 사실상 사랑에 빠지지 않는다. 오히려 사랑에서 솟아오른다. '사랑에 빠진다.'라는 말은 옳지 않다. 성숙하지 못한 사람만이 빠진다. 사랑이라는 구덩이에 빠져서 허우적거린다. 구덩이에 빠지기 전에는 그나마 혼자 서 있기라도 했는데, 사랑에 빠진 지금은 두 다리로 서 있기도 어렵다.

여자와 사랑에 빠진 그 순간, 모든 게 끝난다. 남자와 사랑에 빠진 그 순간, 모든 게 끝난다. 땅바닥에 넘어져 기어 다니기 시작한다. 등뼈가 없는 사람들처럼 혼자 설 엄두조차 내지 못한다.

성숙한 사람은 혼자 설 수 있는 힘이 있다. 성숙한 사람은 사랑을 할 때 거기에 집착의 끈을 묶지 않는다. 성숙한 사람은 단지 줄 따름이다. 성숙한 사람이 사랑을 할 때, 그는 상대방이 자신의 사랑을 받아준 데 대해서 감사함을 느낀다. 그는 상대방에게 준 사랑이 보상받을 것이라는 기대를 가지고 있지 않다.

두 명의 성숙한 사람이 사랑을 할 때 삶에서 가장 위대한 패러독스가 시작된다. 가장 아름다운 현상이 일어난다. 즉, 그들은 함께 있으나 전적으로 홀로 있다. 기억하라! 두 사람이 함께 있을 때 그들은 거의 하나가 된다. 하지만 그러한 일체감이 절대 그들의 개체성을 파괴하지는 않는다. 두 명의 성숙한 사람은 서로를 좀 더 자유롭게 해주고자 노력한다. 어떤 정치적인 게임도 없고, 외교적인 전술을 사용하지도 않으며, 상대방을 지배하려고 힘을 허비하지도 않는다.

어떻게 사랑하는 사람을 지배하려 들 수 있는가? 생각해 보아라. 지배란 일종의 증오와 분노를 의미한다. 어떻게 사랑하는 사람을 지배할 생각을 하겠는가? 오히려 사랑하는 사람의 전적으로 자유롭고 독립적인 모습을 보고 싶어 하지 않겠는가? 그의 개체성을 살려 주려고 노력하지 않겠는가?

내가 패러독스라는 낱말을 쓴 이유를 알겠는가? 성숙한 사랑은 함께 있으나 개체성을 잃지 않는 두 사람 사이에서만 가능하다. 일체감 속에서 여전히 개체성을 잃지 않는 두 사람을 말한다. 둘이 되었기 때문에 개체성이 줄어드는 것이 아니라 오히려 더 풍족해지는 두 사람 말이다. 둘이 되었기 때문에 자유가 줄어드는 것이 아니라 오히려 더 풍요로워진다.

성숙하지 못한 사람들은 사랑에 빠져 상대방의 자유를 파괴하고 집착을 만들며 서로에게 감옥이 되어간다. 성숙한 사람은 사랑 속에서 서로를 더욱 자유롭게 만들어 준다. 모든 집착을 파괴할 수 있도록 서로를 돕는다.

사랑은 흘러넘칠 때 아름답다. 상대방에게 의존하면서 고착되어 있는 사랑은 추하다. 자유가 없는 사랑은 진정한 사랑이 아니다.

기억해라! 자유는 사랑보다 높은 가치를 가지고 있다는 사실을. 인도에서 궁극을 모크샤Moksha라고 부르는 이유가 여기 있다. 모크샤란 곧 자유를 상징한다. 자유는 사랑보다 상위에 있다. 그러므로 사랑이 자유를 파괴하거든 가차 없이 버려도 좋다.

사랑은 버릴 수 있어도 자유는 버릴 수 없다. 자유는 사랑보다 더 큰 가치를 가지고 있다. 자유가 없다면 누구도 행복해질 수 없다. 불가능한 일이다. 자유는 모든 인간이 가지고 태어난 본능적인 욕망이다. 자유, 궁극적인 자유. 자유를 파괴하는 것이 있다면 가차 없이 버려도 좋다.

당신은 사랑하는 남자를 미워하지 않는가? 당신은 사랑하는 여자를 미워하지 않는가? 당신은 그를 미워한다. 혹은 그녀를 미워한다. 그는 혹은 그녀는 필요악과 같다. 참아낼 수밖에 없다. 혼자 있을 수 없기 때문에 다른 사람과 함께 있어야 한다. 혼자 있을 수 없기 때문에 상대방의 요구를 충족시켜 줘야 한다. 참고 견뎌야만 한다.

'존재-사랑' 그리고 '선물-사랑'만이 진정한 사랑이다. 이런 사랑을 할 수 있는 사람만이 나는 누구인가에 대한 해답을 찾아낼 수 있다. 사랑이 존재 안에서 피어오른다. 사랑의 향기가 널리 퍼져나가 다른 사람에게 전해진다.

우리에게 사랑이 없다면 어떻게 다른 사람에게 사랑을 줄 수 있겠는가? 주기 위해서 먼저 가져야만 하는 게 삶의 기본 원칙이다.

사랑과 결혼

나는 이렇게 제안하고 싶다.

결혼은 신혼여행이 끝난 후에 해야만 한다! 그 전에 해서는 절대로 안 된다. 모든 것이 제자리를 찾아간 직후에 결혼이 제대로 성사될 수 있다.

결혼 이후에 가는 신혼여행은 위험하다. 내가 알기로 99퍼센트의 결혼이 신혼여행이 끝나면서 함께 끝난다. 일단 결혼을 하고 신혼여행을 다녀온 후에는 도저히 도망칠 수 없다. 사회 전체가-법률, 법원, 주변의 모든 사람들-부인을 떠난 남편, 혹은 남편을 떠난 부인을 비난한다. 모든 도덕률과 종교, 목사, 주변의 모든 사람들이 그런 남편

혹은 부인을 적대시한다.

그렇다면 사회는 결혼을 위한 모든 안전장치를 만들되, 이혼을 위한 안전장치를 만들어서는 안 된다. 혹은 사람들이 쉽게 결혼할 수 없도록 법률을 강화해야만 한다.

법원은 한 사람과 최소한 2년 동안 산 다음 비로소 결혼할 수 있다는 법을 만들어야 한다. 그러나 지금 사회는 이와 반대로 운영되고 있다. 결혼을 하고 싶어 하는 사람에게 그가 결혼할 준비가 되었는지 어떤지 묻는 사람은 하나도 없다. 사귀는 여자의 코가 예뻐서 결혼을 하고 싶다는 그에게 진정으로 결혼할 준비가 되었는지 묻는 사람이 없다. 얼마나 바보 같은 짓인가! 결혼은 예쁜 코와 하는 게 아니다. 이틀 정도만 지나면 코에 대해서 말끔히 잊어버리게 될 텐데, 도대체 누가 부인의 코를 들여다보는가? 이 세상에 잘생긴 남편이나 아름다운 부인은 존재하지 않는다! 익숙해진다는 것은 곧 아름다움의 부재를 의미한다.

사회는 남자와 여자가 서로에게 익숙해지고 친밀해질 정도로 충분한 시간을 함께 살 수 있도록 허용해야만 한다. 그 전에는 아무리 두 사람이 결혼을 하고 싶어 해도 허용해서는 안 된다. 그러면 이 세상에서 이혼은 사라지게 될 것이다. 이혼은 잘못된 결혼, 강요된 결혼에서 비롯된다. 이혼은 결혼이 로맨틱한 분위기에서 이루어졌을 경우에 비롯된다.

로맨틱한 분위기란 시인에게나 안성맞춤이다. 시인 중에 좋은 남편이나 좋은 부인은 없다. 대개 그들은 독신으로 산다. 연애를 하되 절대 남자 혹은 여자의 손아귀에 잡히지 않는다. 그들의 로맨스는 영원할 수밖에 없다. 그들은 영원히 아름다운 시, 로맨틱한 시를 쓸 수 있다.

시적인 분위기에서 살아가는 남자 혹은 여자와 결혼을 해서는 안 된다. 산문적인 분위기에서 살아가는 사람과 정착을 해야 한다. 왜냐하면 일상생활은 시가 아니라 산문에 더 가깝기 때문이다.

우리는 누구나 성숙해져야 한다. 성숙이란 더 이상 로맨틱한 바보로 살아가지 않는다는 뜻이다. 삶을 이해하고, 삶이 부여하는 책임감을 이해하며, 다른 사람과 함께 살아가면서 일어나는 문제들을 이해할 수 있게 된다는 뜻이다. 살면서 일어나는 모든 어려움을 받아들이되 둘이 함께 그 문제들을 해결해 갈 수 있다는 뜻이다. 성숙한 사람은 삶이란 천국의 연속이거나 장미의 나날일 것이라는 기대를 하지 않는다. 삶에는 장미꽃도 있지만 가시도 있다는 사실을 알고 있다. 삶의 현실성을 알고 있다.

이 모든 문제점들을 알면서도 위험을 각오할 만한 가치가 있다고 생각될 때, 결혼을 해야 한다. 어려움을 겪을 것이라는 사실을 알지만 둘이 함께 있는 게 낫다고 생각될 때, 결혼을 해야 한다. 그러한 결혼은 절대 사랑을 죽이지 않는다. 사랑이 현실이기 때문이다.

결혼은 오직 로맨틱한 사랑만을 죽인다. 로맨틱한 사랑이란 애완용 사랑이다. 로맨틱한 사랑은 아이스크림처럼 가끔 먹을 수는 있어도 주식으로 삼을 수는 없다. 삶은 현실이다. 삶은 산문이다. 애완용 사랑에 의존하지 마라. 애완용 사랑이 나를 충족시켜 줄 것이라는 기대는 하지 않는 게 낫다.

결혼 자체는 아무것도 파괴할 수 없다. 결혼은 단지 우리 안에 감춰진 것-그것이 무엇이든 간에-을 겉으로 드러내는 역할을 할 뿐이다. 우리 안에 감춰진 것이 사랑이라면 결혼은 사랑을 드러내 놓게 된다. 우리 안에 감춰진 것이 추한 욕망이라면 결혼은 그 추함을 드러내 놓게 된다. 사랑이 겉치레에 불과했다면, 낚싯밥에 불과했다면 예식장을 나감과 동시에 사랑도 끝나고 만다. 결혼은 우리 안에 감춰진 것이 겉으로 드러날 수 있는 기회가 된다.

결혼은 사랑을 파괴할 수 없다. 오히려 사랑하는 방법을 모르는 사람들에 의해 사랑은 파괴된다. 그리고 파괴되는 사랑은 사랑이 아니다. 사랑이라고 믿고 살아왔던 그것은 한낱 꿈에 불과하다. 결혼은 현실이다. 현실은 꿈을 파괴한다.

사랑은 영원하다. 내면이 성장한 사람의 사랑은 영원하다. 사랑의 미학을 아는 사람의 사랑은 영원하다. 사랑의 현실성을 받아들일 준비가 된 사람의 사랑은 영원하다. 그런 사람의 사랑은 매일매일 성장할 수 있다. 그때 결혼은 사랑 안에서 성장할 수 있는 기회가 된다.

사랑을 파괴할 수 있는 것은 없다. 진정한 사랑이 있는 곳에는 오직 성장만이 있을 뿐이다. 하지만 대부분의 사람들에게는 그 사랑이 없다. 사랑이라고 착각할 뿐, 사랑이 아니다.

섹스 혹은 섹스에 대한 욕망이 있을 뿐, 사랑은 없다. 섹스를 하고 나면 순식간에 사랑이 사라져 버린다. 섹스에 대한 욕망이란 모르는 것에 대한 호기심과 같다. 일단 모르는 남자 혹은 여자의 몸을 맛보고 나면 섹스의 욕망과 함께 사랑도 사라져 버린다. 사라지는 게 당연하다.

진정한 사랑과 사랑으로 위장한 것을 착각하지 마라.

내가 말하는 '진정한 사랑'이란 무엇인가? 상대방의 현존만으로도 행복이 솟아난다. 함께 있는 것만으로도 가슴이 환희에 젖는다. 그의 존재만으로 이미 행복한데 더 무엇을 요구할 수 있겠는가! 상대방의 존재만으로도 가슴 깊은 곳이 가득 채워진다. 가슴속에서 새의 노랫소리가 울려 퍼진다. 내면에서 조화의 교향곡이 흘러나온다. 함께 있으면서도 개체성이 더욱 두드러지고 중심이 잡힌다. 이것이야말로 진정한 사랑이다.

사랑은 열정이 아니다. 사랑은 감정이 아니다. 사랑은 퍼즐이 완성되는 것과 같다. 조각난 것들이 한데 모여서 이해로 완성된다. 마침내 완성된 원과 같다. 다른 사람의 현존으로 인해 당신의 현존이 더욱 확실해진다. 사랑은 상대방에게 완전한 자유를 준다. 사랑은 절대 소유가 아니다.

섹스를 사랑이라고 착각하는 사람들이 많다. 섹스가 끝나자 사랑이 끝난다. 사랑에 속았다며 울부짖는다. 섹스는 사랑이 아니다.

내면에서 노랫소리가 흘러넘치고 있다면 이렇게 확신해도 좋다.

내면에서 수천 송이의 연꽃이 활짝 피어나고 있다면 이렇게 확신해도 좋다. 당신은 지금 사랑을 하고 있는 중이다!

  이러한 사랑만이 우리에게 현실이 만들어내는 모든 어려움을 극복할 수 있는 힘을 준다. 괴로움, 걱정을 모두 극복할 수 있다. 사랑이 더 많이 흘러넘칠수록 극복은 더욱 쉬워진다. 현실이 부여하는 어떤 상황이라도 도전으로 받아들일 수 있게 된다. 사랑, 어려움의 극복으로 인해 우리는 더욱더 강한 사람으로 거듭나게 된다.

  사랑은 영원하다. 사랑이 있는 한 우리는 끊임없이 성장할 수 있다. 사랑은 끝을 모른다. 사랑은 오직 시작만 알 뿐이다.

부모와 자녀

아이는 남녀가 벌이는 생물학적 성교를 통해서만 태어나는 게 아니다. 깊고 명상적인 사랑을 통해서 태어나기도 한다.

명상적인 사랑이란 단지 육체적인 결합뿐만 아니라 서로의 존재 속으로 용해됨을 일컫는다. 이 말은 곧 에고와 종교, 사상 따위는 모두 제쳐 놓고 아주 간단하고 단순해진다는 뜻이다. 그런 두 사람이 부모가 된다면 아이는 절대로 사회에 의해 오염되지 않는다.

이때 우리가 염두에 두어야 할 사항이 있다. 그 내용을 말하기에 앞서 나에게 그 내용을 증명하라고 요구하지 마라. 증명할 수 없는 일에 대해 증명을 요구하는 것은 무리한 일이다. 오직 당신의 경험을 통해서 이해할 수밖에 없다.

예컨대 우리는 생물학적 구조로 인해 오르가슴을 느낄 수 있다. 눈먼 생물학이 우리에게 제공하는 가장 귀한 선물이 바로 오르가슴이다. 이 오르가슴의 순간을 우리는 자유와 명상 속으로 용해되는 순간으로 사용할 수 있다. 오르가슴의 순간을 이용하여 명상 속으로 뛰어들 수 있다.

오르가슴의 순간, 남녀는 하나의 영혼이 된 듯한 일체감을 느낀다. 오르가슴의 순간, 모든 것이 멈추고 심지어 시간조차 멈추어 버린다. 사념도 없다. 마음도 멈춰 버린다. 오르가슴은 바로 생물학적 한계를 초월할 수 있는 짧은 순간을 일컫는다.

우리가 알아야 할 것은 단 하나, 오르가슴의 짧은 순간이 바로 명상에서 도달하게 되는 순간과 같다는 사실이다. 시간의 부재, 에고의 부재, 침묵과 지복, 기쁨과 넘치는 환희의 순간과 같다는 뜻이다.

두 사람의 생물학적인 결합에서 일어난 현상은 우리가 혼자 있을 때도 가능하다. 단지 필요한 몇 가지 조건만 충족시킬 수 있으면 된다. 내가 이해한 바에 따르면 인간은 성적 오르가슴을 통해서 명상을 알게 된다. 왜냐하면 삶에서 오르가슴만큼 명상적인 상태에 근접한 상태는 없기 때문이다.

하지만 모든 종교는 섹스를 금기시하고 있다. 그런 이유로 종교란 초발심을 낸 초보 수행자들에게 별 도움이 되지 않는다. 그들이 명상을 체험할 수 있는 기초적인 경험이 필요하다. 종교는 경험의 측면에서 볼 때 인류를 빈곤하게 만들어 버렸다. 물질적으로 빈곤하게 만들었을 뿐만 아니라 영적으로도 빈곤하게 만들어 버렸다. 종교는 섹스를 거부하도록 우리의 마음을 훈련시켰을 뿐만 아니라, 그로 인해 생물학적 압박감에 시달리도록 만들었다. 그러한 압박감 속에서 오르가슴적 자유를 경험하기란 불가능하다. 갑작스럽게 경계가 무너지는 체험을 얻기란 불가능하다. 한순간 느끼게 되는 영겁, 지고한 깊이를 경험할 수 있는 기회를 종교는 빼앗아 버렸다.

인간은 오르가슴에서 오는 지복감을 빼앗겨 버렸다. 자연히 명상이 무엇인지도 알지 못하게 되었다. 종교는 명상적인 사람을 원하지 않는다. 우리가 아무리 명상에 대해서 말하고 명상에 관한 책을 읽는다고 해도 명상의 순간을 경험할 수는 없다. 명상에 대한 자료를 수집하고 명상과 관련된 강의를 듣는다고 해도 절망감을 느낄 수밖에 없다. 명상에 대한 모든 것을 지식적으로 이해하더라도 지식이 경험을 주지는 못한다. 존재론적 기초가 없는 까닭에 우리는 한 방울의 경험도 할 수가 없다. 즉, 한 방울의 물이 존재한다면 바다가 멀지 않다는 경험을 증명할 만한 토대가 없다.

한 방울의 물은 바다의 존재를 확인시켜 주는 존재론적 증거물이다. 생물학이 오히려 교회나 사원, 절이나 모스크보다 훨씬 더 자비롭다. 비록 생물학은 장님이되 모세나 크리슈나, 예수나 마호메트만큼 눈이 멀지는 않았다.

생물학은 우리의 본능이다. 본능은 우리에게 모든 것을 다 줄 정도로 자비롭다. 더 높은 곳에 도달할 수 있도록, 초자연적 상태에 도달할 수 있도록 모든 것을 제공한다.

나는 평생 종교적인 바보들을 상대로 싸움을 해왔다. 그들은 나의 간단한 논점에 대해서조차 답을 하지 못한다. 명상에 대해 말할 때 우리는 인간의 삶에 대한 존재론적 근거를 제시할 수 있어야 한다. 그렇지 않으면 사람들은 각성을 얻는 게 아니라 낱말만을 이해할 뿐이다. 사람들이 좀 더 깨어있을 수 있도록 이해를 제공할 수 있어야 한다. 즉 '섹스를 할 때 죄책감을 갖거나 서두르지 마라.', '그릇된 일을 하고 있다고 생각하지 마라.', '오히려 이 세상에서 가장 올바른 최상의 일을 하고 있다고 생각해라.' 등.

사람들은 아무런 죄책감 없이 살해를 한다. 이상한 일이다. 인류의 역사를 보면 한두 사람이 아니라 수백만 명을 살해한 경우가 비일비재하다. 그런 살해 행위는 단죄를 받기보다 오히려 영웅적인 행위로 추앙을 받는다. 살해에 대한 죄책감이라고는 전혀 찾아볼 수가 없다.

그런데 사람들은 아이를 창조하는 행위인 섹스에 대해서는 큰 죄책감에 시달린다. 여기서 종교가 인간에게 끼쳐 온 해악의 단면을 볼 수 있다.

그대여, 명상적인 상태에 있을 준비가 되었을 때만 섹스를 해라! 그리고 섹스를 하기 전에 명상적인 환경을 조성해야만 한다. 당신의 방을 세상의 그 어떤 곳보다 신성한 곳으로 만들어야 한다. 서두르지 말고 가장 아름답게, 가장 즐겁게, 가장 심미적으로 섹스에 임해야 한다. 그리 해야 명상적인 외적 환경과 침묵이 가득한 내면, 두 개의 영혼이 가장 높은 의식의 단계에 도달할 수 있다.

사랑이 머물러 있는 상태가 태어나는 아이에게 영향을 끼친다. 부모가 섹스에 대한 실망으로 가득하다면, 실망감에 빠진 아이가 태어날 수밖에 없다. 그런 부모는 좀 더 진화된 영혼이 자궁으로 들어갈 수 있는 기회를 절대 얻을 수 없다.

정자가 난자와 결합하면서 영혼이 들어올 수 있는 기회를 만든다. 섹스는 영혼이 자궁 안에서 육체화될 수 있는 기회를 마련해 준다. 실망감에 찬 부모는 당연히 그러한 류의 영혼을 자궁으로 끌어들일 수밖에 없다.

이 세상이 바보들과 이류들로 가득하다면 그 책임은 세상의 부모들이 져야 한다. 그들은 숙고 없이 우발적으로 자식을 출산하고 있다. 우발적으로 생명을 잉태하는 것보다 더 큰 범죄는 없다.

우리는 먼저 섹스를 위한 준비부터 해야 한다. 가장 중요한 것은 오르가슴의 순간에 대한 이해를 갖는 것이다. 오르가슴은 사념의 부재를 말한다. 시간의 부재와 마음의 부재를 말한다. 오직 순수한 각성만이 남아 있는 순간을 말한다.

그런 순수한 각성 안에서 당신은 고타마 붓다의 영혼을 자궁 안으로 불러들일 수 있다. 사람들이 섹스에 임하는 태도로는 기껏해야 아돌프 히틀러나 무솔리니, 스탈린, 나디샤, 타메를란Tamerlanes 혹은 칭기즈칸이나 불러들일 수 있을 뿐이다. 오직 이류들만 매혹시킬 수 있다. 최악의 영혼들도 매혹시킬 수 없다. 최악의 영혼은 오직 강간과 같은 성관계에서만 가능하다. 최고의 영혼을 매혹시키기 위해서 섹스는 명상이 되어야만 한다.

어린아이의 삶은 영혼이 자궁으로 들어가는 순간부터 시작된다. 그 영혼이 명상적인 순간에 들어오게 되면, 아이가 순수한 의식을 가질 수 있는 가능성이 높다. 사실 명상적인 상태에서 태어난 아이는 절대 사회에 의해 오염되지 않는다. 오히려 사회에 변혁을 가져온다. 오직 이류들만이 사회에 의해 오염된다.

섹스를 하는 동안 명상적인 상태를 유지할 수 있는 커플은 평범한 커플이 아니다. 그들은 아이에게 경외감을 갖는다. 그들에게 아이는 미지의 세계에서 찾아온 손님과 같다. 손님에게 경외감을 갖는 것은 당연하지 않은가? 자녀들에게 경외감을 갖지 않는 부모들은 자녀들의 삶을 파괴하게 된다.

"너는 우리를 부모로 선택해 주었다."와 같은 경외감을 가진 부모의 자녀들은 그보다 더 큰 경외감으로 부모를 대하게 된다. 더 깊은 사랑과 감사함으로 부모를 대하게 된다.

우리가 누군가를 사랑하게 되면 당연히 그에게 더 많은 자유를 주고 싶어진다. 그를 보호하되 오염시키고 싶지 않고, 그를 우리의 복사본처럼 만들고 싶지 않다. 그의 독특한 개체성을 지켜 주고 싶다.

나의 식견으로 그에게 짐을 지우기보다 그가 스스로 자신에 대해 알아가기를 바라게 된다. 거짓에 불과한 빌려온 진실이 아니라, 경험에 의해 얻어진 식견을 갖게 되기를 기원하게 된다.

부모도 마찬가지다. 자녀가 더 많은 경험을 할 수 있기를 바라고 자녀를 위해 아낌없이 도움의 손길을 내민다. 신을 만나본 적도 없으면서 자녀에게 신의 존재를 강요하는 거짓말은 하지 않을 것이다.

대부분의 부모들은 자녀들에게 거짓말을 하고 있다. 그들은 만나본 적도 없는 신의 존재를 확신한다. 그리고 자녀들에게 신을 믿으라고 강요한다. 그들의 부모가 자신들에게 했던 똑같은 거짓말을 자녀들에게 한다. 부모가 그들에게 자신들의 삶을 강요했던 것처럼, 똑같은 행동을 자녀에게 하고 있다. 길고 오랜 불행이 요람에서 무덤까지 이어지고 있다. 아이의 삶이 부모의 삶처럼 불행과 고통, 걱정과 절망으로 가득해진다.

성경을 통틀어 나는 단 하나의 문장에만 동의한다. 그 문장은 이렇다.
"신은 모든 것을 용서할 수 있다. 오직 절망만 빼놓고."

이 문장을 쓴 사람은 분명히 굉장한 이해를 가진 사람일 것이다. 신은 오직 한 가지만을 용서할 수 없다. 그것은 바로 절망이다!

대부분의 사람들은 절망 속에서 살고 있다. 신이 존재하든 존재하지 않든 절망이 그들의 현실이다. 신을 향해 기도를 하지만 교회를 나서는 순간부터 다시 절망을 주머니에 챙겨 넣는다.

절망은 자기 파괴적이다. 자녀를 사랑한다면 그가 기쁘고 즐겁고, 웃고 춤출 수 있도록 힘을 실어 주어야 한다. 부모에게서 물려받은 절망을 자녀들에게 다시 대물림해서는 안 된다. 하지만 대부분의 부모들은 그와 정반대되는 일을 하고 있다.

내가 어렸을 적, 우리 집에 손님이 찾아올 때면 가족들은 나를 집 밖으로 내보내려고 안간힘을 썼다. 감기에 시달리는 나에게 의사를 찾아가 봐야 한다고 제안하는 가족들을 향해 나는 이렇게 말하곤 했다.

"소용없어요. 나는 내가 걸린 감기를 알아요. 의사도 알고요. 때가 되면 내가 알아서 의사를 찾아갈 거예요. 하지만 지금은 그때가 아니에요. 감기가 아니라 암에 걸렸다고 하더라도 소용없어요."

그러면 가족들은 이렇게 묻곤 했다.

"왜 가지 않겠다는 거냐?"

"오늘 손님이 우리 집을 방문한다는 사실을 알고 있어요. 그래서 지금 나를 내보내려고 하는 거잖아요."

그러면 가족들은 당황한 모습을 감추지 못한 채 겁을 집어먹었다. 중요한 손님이 오는데 나로 인해 손님과의 관계에 금이 갈 수 있으니 겁을 먹는 것도 당연했다.

손님과 음식을 먹는 자리에서 나는 갑작스럽게 웃음을 터뜨린 적이 있었다. 가족들은 뭔가 불길한 일이 생길 것 같은 조바심을 느꼈다. 그 자리에서 함께 식사를 하고 있던 중요한 손님이 놀란 얼굴로 물었다.

"왜 갑자기 웃는 게냐?"

내가 대답했다.

"웃음에는 이유가 없습니다. 그냥 웃을 뿐이에요. 그나저나 내가 묻고 싶은 게 있는데, 왜 다들 심각한 얼굴로 앉아 있는 거지요? 웃음은 귀한 것이지만 심각한 얼굴은 아무 짝에도 쓸모가 없어요. 당신이 저희 집을 방문한 이후 가족들 모두가 심각하고 슬픈 얼굴을 하고 있어요. 당신에게 뭔가 문제가 있는 것 같은데, 당신은 어디를 가든 이런 분위기를 조성하나요?"

혹은 갑작스럽게 춤을 출 때도 있었다. 손님과 부모님 사이에 오가던 대화가 나의 춤으로 인해 갑자기 중단되었다. 나는 그들 사이에 끼어들어 춤을 추기 시작했다.

그러면 부모님은 이렇게 말하곤 했다.

"밖에 나가서 놀지 그러니?"

"나는 정확하게 어디서 춤을 춰야 하는지 알고 있어요. 밖으로 나가고 싶다면 두 분이 나가서 그 어리석은 대화를 계속하세요. 날씨에 관한 대화, 계절에 관한 대화…. 날씨가 어떤지, 계절이 어떤지 우리 모두 알고 있는데 굳이 대화의 화제로 삼는 이유가 뭔가요?"

예의와 격식을 차려야 하는 자리에서 사람들은 절대 적대감을 불러일으킬 소지가 있는, 논쟁이 될 만한 대화를 나누지 않는다. 오직 날씨와 같이 쟁점이 없는 주제에 관해서 말할 뿐이다. 날씨에 관한 대화는 논쟁을 불러일으키지 않는다. 그날 날씨가 추우면 춥다고 동의하면 되고 더우면 덥다고 동의하면 그뿐이다.

"나는 당신들이 나누는 대화가 시간 낭비라는 사실을 알려주기 위해 지금, 이 자리에서 춤을 추고 있는 겁니다. 차라리 저와 함께 춤을 추는 게 낫지 않을까요?"

사회에 오염되지 않은 어린아이는 여러모로 부모를 당황하게 만든다. 하지만 부모가 진정으로 아이를 사랑한다면 당혹감을 감추기 위해 아이를 억압하지는 않는다. 오히려 아이가 자유롭게 자기표현을 할 수 있도록 내버려 둔다. 설사 당혹감을 느끼게 되더라도 말이다.

당혹감은 해를 끼치지 않는다. 부모에게서 경외감과 자유를 물려받은 아이들은 독특한 존재로 성장하게 된다. 부모는 아이가 알지 못하는 미래를 향해 마음을 열어 놓은 채, 자유롭게 성장할 수 있도록 돕는다.

깨어 있는 부모라면 아이가 신앙인이 아닌 탐구하는 사람이 되기를 바란다. 그들은 절대 자녀를 기독교인이나 유대교인, 혹은 힌두교나 모하메드교인으로 만들지 않는다. 모든 종교는 너무나 많은 해악을 끼쳐 왔다. 지구상에서 모든 종교가 사라져야 할 때가 되었다.

억압받지 않은 아이, 사회에 의해 오염되지 않은 아이들만이 기적을 창출해낼 수 있다. 그들은 기독교인이나 힌두교인 혹은 모하메드교인으로 자라는 것이 아니라 성숙한 인간으로 자란다.

그들은 탐구자가 된다. 탐구가 곧 그들의 종교이다. 산야신 Sannyasin에 대한 나의 정의가 바로 탐구이다. 산야신에게 있어 종교란 탐구, 추구, 질문이다. 믿음은 모든 탐구, 질문을 거부한다.

아이와 함께 당신의 모든 경험을 나누어야 한다. 사랑으로 가득한 오르가슴의 순간에 그가 잉태되었다는 사실을, 존재 세계로부터 전해진 거대한 선물이 바로 사랑이라는 사실을 인식시켜 주도록 해라!

삶의 중심점에서 섹스를 나누어야 한다. 오직 사랑을 통해서만 우리는 눈먼 본능을 초월하여 환하게 보는 자, 지켜보는 자가 존재하는 세계에 가닿을 수 있다.

우리는 전혀 억압되지 않고 완전하게 자유로운 영혼을 가진 아이를 잉태할 수 있다. 하지만 생물학만으로는 불가능한 일이다. 오직 섹스를 신이 머무는 집으로, 명상적 장소로 만들 수 있는 용기가 있는 사람에게만 가능하다. 그때 비로소 독창적이고 자유로운 영혼이 우리의 자궁 속에 자리 잡을 수 있다. 그렇게 찾아온 귀한 손님 같은 아이에게 자유를 누릴 수 있는 모든 가능성을 허용해야만 한다. 설사 아이가 어른에게 역행하더라도 말이다. 아이의 자유가 무엇보다 중요하다. 왜냐하면 아이는 바로 우리의 미래이기 때문이다.

당신의 시대는 끝났다. 미래가 당신을 역행한다고 해서 뭐가 문제인가? 당신은 도대체 과거에서 무엇을 얻었는가? 당신은 빈곤하다. 당신은 거지나 다름없다. 이제 우리의 미래인 아이들조차 당신처럼 빈곤한 거지가 되기를 바라는가?

대부분의 부모는 자녀들이 자신들과 똑같은 복사본 인생을 살기를 바란다. 여기서 기억해야 할 것은 존재 세계는 오직 원본만을 취한다는 사실이다. 복사본은 존재 세계에서 받아들여지지 않는다.

우리의 아이들, 그들이 본래면목을 유지할 수 있도록 해야 한다.

두려움이 일어날 수도 있다. 아이에 대한 염려가 생길 수도 있다. 하지만 이 모든 염려와 두려움은 순전히 어른들의 문제일 뿐, 아이들에게는 전혀 장애가 되지 않는다.

자유가 주어진 아이들은 부모를 영원히 존경한다. 처음에는 부모에게 역행하는 듯 보이지만 결말은 그렇지 않다. 그들의 가슴은 언제나 부모에 대한 감사함으로 가득하다. 지금 당장 보면 그 반대인 것 같지만 결과는 그렇지 않다. 지금 당장 세상의 아이들을 보면 하나같이 자신들의 부모에 대해 분노와 짜증, 미움을 가지고 있는 것처럼 보인다. 하지만 언젠가 그 아이들의 가슴이 부모에 대한 감사함으로 가득 차게 될 날이 올 것이다.

부모를 사랑하고 존경하는 자녀를 창조하는 방법은 아주 간단하다. 아이들에게 자유를 주면 된다. 그들에게 자기 본성대로 행동할 수 있도록 허용하면 된다. 아이를 본성 그대로 받아들이면 된다. 우리는 그저 평범한 아버지나 어머니가 아닌 아이에게 생명을 주고, 자유와 독특함을 주는 특별한 부모가 될 수 있다. 그러면 아이는 아름다운 기억을 가슴속에 영원히 간직하게 될 것이다. 그리고 부모에 대한 감사함이 그의 다음 세대에게 그대로 전달될 것이다.

모든 세대가 사랑과 존경심을 가지고 아이들을 대할 수 있다면, 소위 말하는 세대차와 같은 난센스는 사라질 수밖에 없다. 부모가 자녀를 존중할 수 있다면, 자녀를 마치 친한 친구처럼 대할 수 있다면 세대차란 절대 발을 붙일 수 없다.

   부모와의 관계에 대해서 먼저 이해해야 한다.
   아주 기초적인 내용이다. 구르지예프는 이렇게 말했다.
   "부모와 좋은 교류 관계를 유지하지 못하는 사람은 삶 전체를 허비한 것이나 마찬가지다."
   부모와의 교류는 우리 안에 아주 깊게 뿌리를 내리고 있다.
   부모와 자녀 사이에 분노가 존재한다면 그 관계는 항상 불편할 수밖에 없다. 비록 몸이 멀리 떨어져 있다 하더라도 자녀는 보이지 않는 죄책감에 시달릴 수밖에 없다. 멀리 떨어져 있다고 해서 잊어버리거나 용서가 되는 게 아니다.
   부모와 자녀의 관계를 단지 사회적인 부산물이라고 생각해서는 안 된다. 자녀에게 생명을 준 것이 부모이고 그들로 인해 자녀가, 우리가 지금 이곳에 있다. 나무에 매달린 가지처럼 자녀는 바로 부모의 한 부분이다. 멀리 떨어져 있다 하더라도 자녀는 부모에게 뿌리를 두고 있다.
   부모가 죽으면 우리 안에 깊게 내린 뿌리도 함께 죽는다. 부모의 죽음 앞에서 우리는 처음으로 외로움을 느끼게 된다. 뿌리가 사라진 외로움. 부모와 좋은 교류를 맺기 위해 살아 있는 동안 모든 노력을 기울여야 한다. 부모와 자녀 사이에 이해가 생기고, 대화가 일어나며, 교류가 시작될 수 있도록 말이다. 어긋났던 모든 것이 제자리를 찾게 되면서 불편함이 문을 닫게 된다. 부모가 세상을 떠나게 되더라도-

그들은 언젠가 떠나야만 한다-우리는 죄책감에 시달리거나 후회하지 않게 된다. 그들은 자녀와 행복한 시간을 보냈고, 자녀 역시 부모와 행복한 시간을 보냈으니 아쉬움이 남을 까닭이 없다.

사랑의 관계는 부모와의 관계에서 먼저 시작된다. 그리고 부모와의 관계에서 마감된다. 그때 비로소 원이 완성된다. 원의 귀퉁이가 깨져 있으면 우리의 존재 전체가 불편한 상태로 남아 있을 수밖에 없다.

우리가 부모와 진정한 교류를 할 수 있을 때 큰 행복을 느낄 수 있다. 자기 자신의 부모와 교류를 하는 일은 세상에서 가장 어려운 일처럼 보인다. 그 둘 사이에 놓인 거리를 극복해야만 한다.

자녀를 성장한 어른으로 받아들이는 부모는 이 세상에 없다. 그런 까닭에 자녀와 직접적인 교류를 시도하지도 않는다. 부모는 명령을 내리는 존재고 자녀는 복종하는 존재라고 생각한다. 부모는 '이렇게 해라.' 혹은 '그렇게 하지 마라.'라는 식의 일방적인 명령을 대화라고 생각한다. 자녀의 자유와 정신, 존재 등을 인정하려 들지 않고 존중하려 들지도 않는다. 자녀에게 순종만을 강요할 뿐이다.

아이들은 부모가 '이렇게 해라.' 혹은 '저렇게 하지 마라.'라고 명령을 내리는 그 순간부터 거부감을 느낀다. 자신의 자유가 부모에 의해 잘려 나갔다고 생각한다. 부모에 의한 억압에 시달리게 되면서 저항하고 원망하게 된다. 그리고 아물지 않은 상처처럼 저항을 계속한다. 당연히 부모와의 사이에 놓인 거리가 멀어질 수밖에 없다.

이제 그 멀어진 거리에 다리를 놓아야 할 때가 되었다. 어머니와의 관계에 다리를 놓을 수 있다면 마치 대지 전체에 다리를 놓은 것 같은 환희를 느끼게 된다. 우리는 좀 더 깊이 땅에 뿌리를 내리게 된다.

아버지와의 관계에 다리를 놓을 수 있다면 하늘에 있는 집에 가 닿은 느낌이 든다. 부모는 상징적인 의미를 가지고 있다. 그들은 땅과 하늘을 대표한다. 우리는 나무와 같다. 대지에 뿌리를 내리고 하늘을 향해 가지를 뻗는 나무. 우리에게는 땅도 필요하고 하늘도 필요하다.

사랑 + 각성 = 존재

사랑은 영적인 성장을 위한 필수 요소이다. 그뿐 아니라 사랑은 우리에게 거울 역할을 해준다. 사랑하는 사람의 눈을 통해서 우리는 나의 참모습을 볼 수도 있다. 마치 거울을 보아야만 지금의 내 얼굴이 어떤지 볼 수 있는 것처럼, 내면의 얼굴을 보기 위해서는 사랑이라는 거울이 필요하다.

사랑은 영적인 거울이다. 사랑은 우리를 튼튼하게 만들어 주고, 존재와 하나로 묶어 준다. 사랑을 통해 우리는 내면으로 가는 여행을 떠날 준비를 하게 된다. 사랑은 우리의 본래면목을 상기시켜 준다.

깊고 깊은 사랑의 순간, 우리는 본래면목을 일견할 수 있다. 비록 그 일견이란 거울에 비친 반사체에 불과하지만 말이다. 보름달이 뜬 밤, 고요한 호수에 비친 달의 모습을 보는 것처럼 사랑은 바로 그 호수의 역할을 해준다.

호수 위에 비친 달은 진짜 달을 찾아가기 위한 첫발이다. 물 위에 비친 달을 본 적이 없는 사람은 진짜 달을 찾아가 볼 엄두조차 내지 않는다. 호수 위에 비친 달, 처음에는 그것이 진짜 달인 줄 알고 달을 보기 위해 계속 호수를 찾는다. 그런 다음 호수 깊은 곳 어딘가에 진짜 달이 있을 것이라는 생각을 하면서 호수의 바닥을 향해 뛰어들게 된다. 깊고 깊은 호수 바닥에 감추어진 달을 찾아서 물속으로 뛰어든다. 그러나 빈손으로 나올 수밖에 없다. 호수 어디에서도 진짜 달을 찾을 수는 없다.

그러던 어느 날, 어쩌면 호수 위에 비친 저 달은 반사체에 불과할지도 모른다는 의문이 생긴다. 놀라운 통찰력의 순간, 우리는 비로소 고개를 들어 하늘을 올려다본다. 물 위에 비친 달이 반사체라면 진짜 달은 어디에 있는가? 저 달이 반사체라면 그것을 반사하는 달은 저 반대편에 있을 텐데, 호수 위 어딘가에서 반사를 하고 있을 텐데. 태어나서 처음으로 우리는 고개를 들어 하늘을 올려다볼 생각을 한다. 그리고 비로소 여행이 시작된다.

사랑으로 인해 우리는 명상의 맛을 볼 수 있다. 사랑으로 인해 우리는 호수 위에 비친 달의 반사체를 볼 수 있다. 비록 진짜 달이 아닌 반사체에 불과하지만 말이다. 사랑은 우리를 절대 만족시켜 주지 않는다. 오히려 더 큰 불만족을 일으킨다. 사랑으로 인해 우리는 눈앞에 펼쳐진 수많은 가능성을 볼 수 있게 되지만, 그렇다고 사랑이 가능성이라는 물건을 우리 집으로 배달해 주지는 않는다.

사랑은 우리를 좌절하게 만든다. 그리고 내면을 향해 방향 전환을 할 수 있는 가능성은 오직 깊은 좌절 속에서만 찾을 수 있다.

사랑을 하는 사람만이 명상의 기쁨을 알 수 있다. 단 한 번도 사랑을 해 본 적이 없는 사람들, 단 한 번도 사랑 속에서 좌절을 겪어본 적이 없는 사람들, 단 한 번도 달을 찾기 위해 호수로 뛰어들어본 적이 없는 사람들, 그러다 빈손으로 물 밖에 나와본 적이 없는 사람들은 절대 진짜 달을 찾기 위해 고개를 들어 하늘을 바라보지 않는다. 그들은 달의 존재에 대해 전혀 알아채지 못한 채 그냥 살아갈 뿐이다.

사랑을 할 수 있는 사람은 종교적인 사람으로 변할 수 있다. 하지만 사랑을 하지 못하는 사람들은 절대 종교적인 사람이 될 수 없다. 예컨대 정치인들은 누구도 사랑할 수 없는 사람들이다. 그들이 사랑하는 것은 권력뿐이다.

혹은 돈에 큰 집착을 보이는 사람들은 돈만 사랑한다. 그들은 오직 한 가지 종류의 사랑만 존재한다고 생각한다. 돈에 대한 사랑이 그것이다. 그들 역시 종교적인 사람이 될 수 없다. 돈을 소유하는 것은 쉬운 일이다. 하지만 사랑하는 사람을 소유하기란 그다지 쉽지 않다. 아니, 불가능하다.

아무리 노력을 해도 돈을 소유한 것처럼 살아 있는 사람을 소유할 수는 없다. 살아 있는 사람은 사력을 다해 저항할 게 뻔하다. 자신의 자유를 지키기 위해 끝까지 싸움을 벌인다. 자신의 자유를 빼앗기고 싶어 하는 사람은 이 세상에 한 명도 없다.

사랑은 자유만한 가치를 가지고 있지 못하다. 물론 사랑은 귀하지만 자유를 버릴 만큼의 가치는 없다. 사랑을 하고 싶어 하는 것과 사랑의 감옥에 갇히게 되는 상황은 다르다. 사랑을 소유하려고 안간힘을 쓰는 사람은 누구나 좌절감을 맛보게 된다. 소유욕이 클수록 사랑은 불가능하다. 소유욕이 클수록 상대방은 더 멀리 도망치게 된다. 소유욕이 작을수록 서로에게 느끼는 친밀감이 커진다. 전혀 소유하려 들지 않는다면 사랑하는 두 연인 사이에서 자유라는 꽃이 활짝 피어나게 된다. 위대한 사랑의 꽃이 두 사람 사이에서 피어난다.

다른 사람을 소유하려는 노력은 반드시 실패로 끝날 수밖에 없다. 좌절감 속에서 혼자 남겨지게 된다. 다른 사람을 소유하지 않는 법을 배워야 한다. 자유가 사랑보다 훨씬 더 귀하다는 사실을 배워야 한다. 자유가 우리를 본래자아에게로 이끌어 준다는 사실을 배워야 한다. 자유가 곧 명상이 된다. 자유가 곧 깨어 있는 의식이다.

자유와 명상은 동전의 양면이다. 자유에서 출발하여 각성에 도달할 수도 있고, 각성에서 출발하여 자유에 도달할 수도 있다.

사랑은 일종의 집착이다. 그러나 사랑은 또한 누구에게나 필요한 본질적인 경험이기도 하다. 성숙을 위한 필수 과정이라고 할 수 있다.

마저리 윌리엄스 Margery Williams의 아름다운 저작 『벨벳 토끼』에

보면 진짜 사랑에 대한 아름다운 정의가 내려져 있다.

"무엇이 진짜예요?"

어느 날 토끼가 물었다.

"뱃속에서 윙윙 소리를 내고 손잡이가 밖으로 나와 있는 물건을 가지고 있으면 진짜가 되나요?"

"진짜란 우리가 만들어내는 물건이 아니란다."

가죽으로 된 말이 대답했다.

"진짜란 어느 날 너에게 일어나는 사건과 같아. 한 아이가 너를 아주 오랫동안 사랑하게 될 때 너는 진짜가 된단다. 단지 가지고 놀기만 하는 게 아니라 진짜로 너를 사랑하게 될 때 너는 진짜가 된단다."

"진짜가 되는 것은 아픈가요?"

토끼가 물었다.

"가끔은 그렇지."

가죽 말이 대답했다. 그는 언제나 진실만을 말했다.

"하지만 네가 진짜가 되면 아픔을 두려워하지 않게 된단다."

"진짜가 되는 것과 아픔은 한꺼번에 일어나게 되나요? 마치 갑자기 상처를 입는 것처럼. 아니면 천천히, 조금씩 진행 되나요?"

"한꺼번에 일어나지는 않아. 진짜가 되는 것은 오랜 시간이 걸리는 일이란다. 그래서 쉽게 무너지는 사람들에게는 잘 일어나지 않지. 혹은 끝이 날카롭거나 지나치게 조심스러운 사람에게도 일어나지 않는단다.

대개 진짜가 되는 순간 머리털은 모두 빠지고 눈은 아래로 축 처지게 되며, 관절마다 느슨해지면서 초라해진단다. 하지만 이 모든 것들은 그다지 중요하지 않아. 왜냐하면 너는 진짜니까. 진짜는 추해질 수 없단다. 일단 진짜가 되고 나면 다시 가짜로 되돌아갈 수 없단다. 언제까지나 진짜로 남아 있게 되지."

사랑은 우리를 진짜로 만든다. 진짜가 아닌 사람은 속이 비어 있는 망상이나 꿈과 같다. 사랑은 속을 꽉 채워 준다. 사랑은 일체감을 준다. 사랑은 우리 안에서 중심을 잡아 준다.

하지만 여기서 여행이 끝나는 것은 아니다. 나머지 반절의 여정은 명상 안에서 끝을 맺는다. 사랑이 처음의 반절이라면 각성은 끝의 반절이다. 이 둘 사이에서 우리는 신에게 도달할 수 있다.

사랑과 각성이라는 두 개의 강둑 사이에서 강물이 흘러간다. 사랑을 회피하려 들지 마라. 사랑이 주는 모든 고통을 떠안은 채, 그 속으로 뛰어들어야 한다. 물론 가슴이 아프다. 때로 아주 심하게, 끔찍하게 아프기도 하지만 상처로 인해 우리는 매순간 더욱 강해진다. 사랑을 하는 동안 상처나 고통은 전혀 문제가 되지 않는다. 모든 상처는 우리를 잠에서 깨워 주고 도전을 위한 힘을 실어 주는 역할을 한다.

사랑이 땅을 골라 주면 명상이라는 씨앗이 사랑이라는 토양 속에서 자라기 시작한다. 명상이라는 씨앗은 오직 사랑이라는 토양 속에서만 성장할 수 있다.

내가 주장하는 바는 세상을 등지고 포기하라는 것이 아니라, 세상 속에 있으면서 그 도전을 받아들이고 그로 인한 위험, 상처, 아픔까지 끌어안으라는 말이다. 상처를 회피하지 마라. 상처로부터 도망치려 해서는 안 된다.

지름길을 찾느라 시간을 낭비하지 마라. 사랑에 지름길은 없다. 사랑은 갈등이다. 사랑은 만만치 않다. 사랑은 가파른 고갯길이다. 하지만 가파른 고갯길을 오르지 않고서 어떻게 정상에 도달할 수 있겠는가?

가파른 고갯길을 올라 정상에 도달했을 때의 기쁨은 헬리콥터를 타고 정상에 도착했을 때의 기쁨과는 감히 비교조차 할 수 없다. 미숙한 아이처럼 타인의 힘에 의해 정상에 도달했을 때, 정상에 오르는 즐거움은 없다.

그 차이점을 이해할 수 있겠는가? 에베레스트 산을 정복하려고 갖은 고생을 하는 사람이 있다. 죽음의 모든 가능성이 곳곳에 도사리고 있는 곳, 정상에 도달할 수 없는 모든 가능성이 여기저기 놓여 있는 위험하기 짝이 없는 도전이다. 발을 떼놓을 때마다 죽음이 그를 기다리고 있다. 성공할 확률보다 실패의 확률이 훨씬 높다. 실패할 확률이 99퍼센트라면 성공할 확률은 겨우 1퍼센트에 불과하다.

하지만 정상에 가까워질수록 기쁨은 더욱더 커진다. 강인한 정신력이 높게 비상하는 것 같다. 그는 절대 공짜로 강한 정신력을 얻은 게 아니다. 생명이라는 비싼 값을 치렀다. 값을 비싸게 치른 만큼 거기서 얻는 기쁨은 어디에도 비할 수가 없다.

이제 반대로 헬리콥터를 타고 정상에 도착한 사람이 있다. 아무런 노력 없이 꼭대기에 서 있는 그, 얼마나 어리석어 보이겠는가?

"내가 지금 여기서 뭘 하고 있는 거지?"

그는 겨우 5분 만에 등을 돌리면서 이렇게 말할 것이다.

"다 봤으니 가자! 별로 볼 것도 없네."

여정이 목적을 창출해낸다. 여정의 끝에 목적이 앉아서 기다리고 있는 게 아니다. 한 걸음, 한 걸음 발을 내디딜 때마다 여정의 목적이 생겨난다. 여정이 바로 목적이다. 여정과 목적은 둘이 아니다. 한 걸음, 한 걸음이 곧 목적이다. 발을 내디딜 때마다 우리는 이미 목적지에 도달한 것이나 마찬가지다.

살면서 만나는 모든 기회를 놓치지 마라. 겁쟁이처럼 굴지 말고 삶을 정면으로 마주 보아야 한다. 그러면 천천히 내면에서 무언가 결정화되는 것을 느낄 수 있다.

물론 시간이 걸린다. 가죽 말이 옳다.

"한꺼번에 일어나지는 않아. 진짜가 되는 것은 오랜 시간이 걸리는 일이란다. 그래서 쉽게 무너지는 사람들에게는 잘 일어나지 않지. 혹은 끝이 날카롭거나 지나치게 조심스러운 사람에게도 일어나지 않아. 대개 진짜가 되는 순간 머리털은 모두 빠지고 눈은 아래로 축 처지게 되며, 관절마다 느슨해지면서 초라해진단다. 하지만 이 모든 것들은 그다지 중요하지 않아. 왜냐하면 너는 진짜니까. 진짜는 추해질 수 없단다. 일단 진짜가 되고 나면 다시 가짜로 되돌아갈 수 없단다. 언제까지나 진짜로 남아 있게 되지."

일단 진짜가 되고 나면 우리는 영원히 진짜로 남아 있게 된다.

그러기 위해서 우리는 우선 값을 치러야 한다. 다시 한번 말하지만 삶에서 공짜로 얻어지는 것은 하나도 없다. 공짜로 얻은 것은 아무 짝에도 쓸모가 없다. 값을 치러야만 한다. 값을 높게 치를수록 더 많은 것을 얻을 수 있다.

목숨을 걸고 사랑을 해라! 굉장한 결과물을 얻을 수 있다. 사랑으로 인해 우리는 본래자아로 돌아올 수도 있다. 호수 위에 뜬 달처럼 명상의 반사체를 얻을 수도 있다. 명상이 무엇인가, 그 첫 일견을 사랑 속에서 할 수 있다.

일견을 하고 나면 내면에서 진짜 달을 보고 싶은 욕망이 생겨난다. 명상에 도달하고자 하는 강한 열망이 생겨난다. 단지 일견 정도가 아니라 달 속에서 영원히, 영원히 살고 싶어진다. 명상 속에서 영원히 살고 싶어진다. 사랑으로 인해 우리는 명상의 맛을 볼 수 있다.

사랑으로 가득한 오르가슴에서 우리는 처음으로 사마디를 경험할 수 있다. 혹은 환희를 처음 경험하게 된다. 한 번의 경험은 우리를 더욱 갈증 나게 만든다. 이제 판에 박힌 일상생활만으로는 해갈이 되지 않는다. 장대비처럼 갈증을 해갈할 만한 경험을 하고 싶은 열망이 생겨난다.

그러한 열망이 우리를 명상으로 이끌어 준다. 신에게로 이끌어 준다. 그러던 어느 날 신성이 화살처럼 우리의 가슴 한복판을 뚫고 지나간다. 신이 우리의 가슴을 어루만져 준다. 이제 우리는 영원히 그 순간에 살고 싶다. 그 순간이 삶 전체가 되기를 원한다. 삶 전체에서 신의 손길이 느껴지지 않는다면 인간은 늘 불만족 속에서 살게 된다.

    사랑은 우리에게 커다란 기쁨을 준다. 그뿐 아니라 영원한 기쁨에 대한 갈증까지 심어 준다.

사거리에 서서

명상의 순간에 우리는 갑자기 두 개의 길을 보게 된다. 우리가 두 개의 방향으로 움직일 수 있음을 알게 된다. 우리는 수평적으로 갈 수도 있고 수직적으로 갈 수도 있다. 수직 방향은 침묵과 지복, 환희를 담고 있다. 수평 방향은 손과 노동, 세상을 담고 있다.

사거리에 서서

영원이 시간을 뚫고 지나갈 때

　사람들 대부분이 살고 있는 삶은 수평적이다. A에서 출발하여 B로, 다시 C에서 D로 하나의 줄로 이어진다.
　영원함, 궁극은 수직적이다. A에서 출발하여 B로, 다시 C에서 D로 이어지지 않는다. A에서 출발하여 더 많은 A로, 거기서 다시 더 많은 A로 옮겨간다. 궁극은 위로 올라간다. 수직적인 삶을 통해 영원함에 도달한 사람은 아주 드물다.
　우리는 지금 십자로에 서 있다. 수평선과 수직선이 만나는 교차점에 서 있다. 한 줄은 수평으로 이어진다. 수평선은 이류, 보통, 무의미로 이어지다 마침내 죽음에 이른다. 쭉 이어지다 무덤에서 끝난다.

나는 굉장히 뜻 깊고 아름다운 이야기를 들은 적이 있다.

위대한 왕이 있었다. 그는 어느 날 꿈속에서 어두운 그림자를 보게 되었다. 꿈이었지만 왕은 겁에 질려 그림자에게 물었다.

"무엇을 원하느냐?"

그러자 그림자가 대답했다.

"나는 당신에게 부탁을 하러 온 게 아니오. 단지 당신에게 알려 주고 싶은 내용이 있어서 왔소.

오늘 밤 해가 지고 바로 그 장소에서 당신은 마지막 숨을 거두게 될 것이오. 대개 나는 이 사실을 알려 주기 위해 사람들을 방문하지 않지만, 당신은 위대한 제왕이기 때문에 그에 대한 대접으로 미리 알려 주는 것이오."

겁에 질린 왕은 식은땀을 흘리며 잠에서 깼다. 그는 아무것도 생각할 수가 없었다. 그가 할 수 있는 일이라곤 가장 현명한 사람들과 점성술사들, 예언자들을 모아 놓고 꿈을 해석하는 것뿐이었다.

꿈 해몽은 프로이트에게서 그 기원을 찾아볼 수 있다는 학설은 잘못되었다. 꿈 해몽은 천 년 전, 이 왕에게서 시작되었다!

꼭두새벽에 소위 미래를 내다본다는 예언자들과 가장 현명한 사람들이 꿈을 해석하기 위해 모여들었다. 간단한 꿈을 가지고 그들은 온갖 경전을 들이밀며 논쟁을 벌이기 시작했다.

'그런 뜻일 리가 없소이다.' 혹은 '반드시 이런 뜻일 게요.'라며 언성을 높였다.

시간만 낭비한 채 해가 떠올랐다.

왕에게는 늙은 시종이 하나 있었는데, 왕은 그를 마치 아버지처럼 대했다. 왕이 아직 어렸을 때 선왕이 죽었고, 임종의 자리에서 선왕은 시종에게 대부의 역할을 맡겼다.

"내 아들이 왕위를 계승할 수 있도록, 그리고 왕국을 잃지 않도록 그를 잘 돌봐 주거라."

그 이후 시종은 최선을 다해 왔다. 이제 그는 늙었으나 모든 사람들이 그를 마치 왕의 아버지인 것처럼 존경했다.

왕에게 가까이 다가온 시종이 이렇게 말했다.

"당신에게 두 가지를 말씀드리고 싶습니다. 당신은 항상 나의 말에 귀를 기울여 왔으니까요.

나는 예언자도 아니고 점성술사도 아닙니다. 온갖 경전이며 난센스 같은 저들의 말이 무슨 뜻인지 이해할 수도 없지만, 한 가지 분명한 것은 이미 해가 떠올랐다는 겁니다. 그러니 곧 해가 지게 될 것입니다.

지식으로 가득한 저 사람들은 100년이 지난다고 해도 결론을 얻어내지 못할 것입니다. 하루 종일 말다툼에 논쟁이나 벌이다 말겠지요. 그러므로 저들이 어떤 결론을 내려 줄 것이라는 기대는 아예 버리십시오."

그가 계속해서 말을 이었다.

"저들은 논쟁을 계속하도록 내버려 두고 당신은 제 말을 들으십시오. 당신에게는 이 세상에서 가장 빠른 말이 있습니다. 그 말을 타고 최대한 빨리 왕궁을 빠져 나가십시오. 한 가지 확실한 것은 여기 있어서는 안 된다는 것입니다. 최대한 멀리 도망가셔야 합니다."

늙은 시종의 말은 타당성이 있었다. 왕은 박식하고 현명한 사람들이 논쟁을 계속하도록 내버려 둔 채 그 자리를 떠났다. 그들은 왕이 떠났다는 사실도 알지 못한 채 새벽부터 시작한 논쟁을 계속했다.

왕에게는 왕국과도 바꿀 수 없는 훌륭한 말이 있었는데, 왕은 그 말을 아주 자랑스러워했다. 그 말만큼 강한 말은 어디에도 없었다. 왕과 말은 서로를 깊이 사랑했다. 왕이 말에게 이렇게 말했다.

"그림자가 나에게 가까이 오고 있다. 그 그림자는 다름 아닌 죽음이다. 그러니 네가 나를 왕궁에서 최대한 먼 곳으로 데려가 주어야만 한다."

말이 고개를 끄덕였다. 그리고 말은 자신의 약속을 지켰다!

해가 질 무렵, 왕은 왕궁에서 수백 마일 떨어진 곳에 도착했다. 변장을 한 왕은 다른 나라의 왕궁으로 숨어들었다. 자신의 왕궁에서 멀리 떠나왔다는 기쁨에 왕은 말을 세워 놓고 이렇게 말했다.

"고맙다, 나의 친구여! 이제 편한 마음으로 밥을 먹을 수 있겠구나."

왕과 말은 하루 종일 아무것도 먹지 못했다.

"우리는 왕궁에서 아주 멀리 떨어져 있다. 이제 아무것도 걱정할 것이 없다. 사람들이 네가 구름 같은 속도로 달린다고 칭찬을 하더니, 너는 그들의 말을 입증해 주었다."

만족감에 사로잡힌 왕이 말을 막 나무에 매어 놓으려는 순간, 갑자기 그림자가 왕에게 다가오면서 이렇게 말했다.

"당신이 제시간에 맞춰 오지 못할까봐 조바심이 났었는데, 위대한 당신 말 덕분에 만사가 잘되었습니다. 이곳이 바로 그 장소입니다. 그리고 지금이 바로 그 시간입니다. 나는 당신이 너무 멀리 떨어져 있어서 여기까지 어떻게 데려오나 걱정을 했습니다. 저 말 덕분에 모든 일이 계획대로 이루어졌습니다."

우리가 수평적으로 살아간다면 어디를 가든, 어떤 속도로 가든 우리는 똑같은 무덤에서 멈출 수밖에 없다. 매 순간 무덤이 우리에게 가까이 다가오고 있다. 우리가 움직이든 움직이지 않든 무덤은 계속해서 우리를 향해 다가오고 있다.

명상을 통한 삶만이 우리를 수직적인 궁극으로 이끌어 준다.

기독교의 상징인 십자가는 고대 동양, 아리안 족의 상징, 즉 스와스티카Swastilka에서 비롯되었다. 자신을 순수 아리안 족의 혈통이라고 생각한 아돌프 히틀러가 스와스티카를 나치의 상징으로 선택한 이유가 여기에 있다.

스와스티카는 두 개의 줄이 교차한 모양을 하고 있다. 인도에서는 그 이유도 모른 채 새해마다 사업가들이 스와스티카로 새로운 장부를 시작한다.

기독교의 십자가는 스와스티카의 일종이다. 또한 십자가는 수평선과 수직선을 나타내기도 한다. 예수의 두 손은 수평으로 벌려져 있다. 그의 머리 와 몸통은 서로 다른 방향을 가리키고 있다.

명상의 순간에 우리는 갑자기 두 개의 길을 보게 된다. 우리가 두 개의 방향으로 움직일 수 있음을 알게 된다. 우리는 수평적으로 갈 수도 있고 수직적으로 갈 수도 있다. 수직 방향은 침묵과 지복, 환희를 담고 있다. 수평 방향은 손과 노동, 세상을 담고 있다.

우리는 수평선에 대해서는 이미 알고 있다. 명상을 통해 환희와 지복을 맛본 사람이라면 누구나 수직선에 대한 탐구심이 일어날 수밖에 없다.

수직선은 죽음조차 존재하지 않는 영원의 문을 열어 준다. 모든 집착, 심지어 육체에 대한 집착조차 사라진 채 우주의 한 부분이 될 수 있는 영원의 문을 말이다.

고타마 붓다는 이렇게 말했다.

"탄생은 고통이다. 삶도 고통이다. 죽음도 고통이다."

그의 말은 수평선을 따라가는 삶은 끊임없는 불행이자 고통의 연속일 수밖에 없다는 뜻이다.

춤이 되지 못하고 기쁨이 되지 못하는 삶은 진정한 삶이 아니다. 만일 불행이 삶의 전부라면 자살만이 유일한 해결책이 될 것이다. 그리고 서양의 존재론적 철학이 내린 결론도 바로 그것이다.

장 풀 사르트르, 야스퍼스, 하이데거, 키르케고르. 그 밖에 많은 철학자들에 따르면 삶은 무의미하다. 수평선상에서 보면 삶은 고통과 괴로움, 질병과 노화일 뿐이다. 사람들은 우주만큼 장대한 의식에 대해서 잊어버린 채 비좁은 육체 안에 잡혀서 아등바등한다.

수직선을 발견한 사람은 이제 수직적으로 살아가기 시작한다. 수직선이란 절대 세상을 등지고 버리라는 뜻이 아니다. 단지 우리가 세상이라는 동일시를 버리고 세상이 덧없다는 것을 알면 그것이 여태까지 가졌던 중요성이 사라지게 된다. 세상을 버리고 산속이나 절로 도망치라는 뜻이 아니다. 단지 우리가 어디에 있든 상관없이 내면의 삶을 살아가기 시작한다는 뜻이다. 과거에 불가능해 보였던 내면의 삶을 말이다.

과거에 우리가 외향적이었다면 이제 내향적으로 바뀌게 된다. 빛 한 줄기가 수평적인 삶의 어둠을 향해 수직으로 꽂히면서 깨달음의 첫 새벽이 밝아온다.

수직적인 삶을 살기 시작하면서 우리는 과거의 그 사람이 아니다. 똑같아 보이지만 사실 우리는 더 이상 과거의 그 사람이 아니다. 밝은 눈을 가진 사람이라면 그 차이점을 볼 수 있다. 최소한 우리는 자신이 절대 같은 사람이 아니라는 사실을 알 수 있다. 여전히 세상 속에서 살아가지만 더 이상 세상을 품고 살지 않는다. 욕망, 야망, 질투심이 증발하기 시작한다.

욕망이나 야망을 버리려고 안간힘 쓸 필요도 없다. 우리가 수직선을 따라 움직이자마자 욕망이, 야망이, 질투심이 스스로 증발하기 시작한다. 욕망과 야망은 수직선에서 존재할 수 없기 때문이다. 오직 어두운 수평선상에만 존재할 수 있다. 모든 사람이 경쟁 속에 살고, 야망과 권력, 지배와 성공의 욕망 속에서 사는 세상에서만 존재할 수 있다.

수직선상에서 이 모든 어리석음은 단번에 사라져 버린다. 야망과 욕망이라는 짐을 벗어 버린 우리는 연꽃처럼 가벼워진다. 마치 무게가 사라진 것 같다.

연꽃을 자세히 보면 물속에 있으나 가라앉지 않고 물 위에 그대로 떠 있다. 우리도 연꽃과 마찬가지로 세상 속에 있으나 세상의 영향을 받지 않을 수 있다. 오히려 세상에 영향을 끼친다. 의도적인 노력 없이 우리의 존재만으로도 세상이 우리의 영향을 받는다. 우리의 현존과 아름다움이 세상에 영향을 끼친다. 내면에서 자라난 향기가 아무런 노력 없이도 주변으로 퍼져 나가는 것처럼 말이다.

가슴이 열린 사람은 그 향기를 느낄 수 있다. 가슴을 닫고 살아온 사람은 그 향기를 느낄 수 없다. 모든 창문과 문을 꼭 잠그고 살아온 사람들은 꽃다발을 코앞에 내밀어도 절대 그 향기를 느낄 수 없다. 가슴이 닫힌 사람은 가슴이 열린 사람들 곁에 오려고 하지 않는다. 천 가지가 넘는 변명과 천 가지가 넘는 거짓말로 다가올 수 없는 이유들을 늘어놓는다. 그들은 닫혀있는 자신들의 모습이 노출될까봐 노심초사한다.

수직으로 살아가는 사람은 그들에게 거울과 같은 역할을 한다. 그에게 가까이 다가서는 것만으로도 문을 닫고 살고 있는 자신의 모습을 보게 된다. 자신의 참된 얼굴을 보게 된다. 감추어진 추함까지 볼 수 있다. 끝이 없는 야망을 볼 수 있다. 그가 들고 다니는 동냥그릇을 볼 수 있다.

도움이 될 만한 이야기가 하나 더 있다.

이른 아침, 동냥그릇을 든 거지 하나가 왕의 정원으로 들어왔다.

왕은 아침이면 정원에서 산책을 하곤 했다. 왕이 혼자 산책을 하는 이른 아침이 아니고서 거지가 왕을 만난다는 것은 불가능한 일이었다. 왕궁 전체가 거지를 막을 테니 감히 거지가 왕을 만나는 일은 일어날 수도 없었다.

그래서 거지는 일부러 이른 아침을 선택했다. 호위병 없이 왕 혼자서 조용히 자연을 즐기는 시간을 선택했다. 자연이 뿌려 주는 생동감과 아름다움을 양껏 마실 수 있는 시간을 말이다. 동냥그릇을 든 거지가 왕에게 다가왔다.

마침 산책을 즐기고 있던 왕은 거지를 보고 깜짝 놀랐다.

"지금은 내가 사람을 만나는 시간이 아니다."

거지를 짐짓 무시하듯 왕이 고개를 돌리며 말했다.

"저는 거지입니다. 왕이시여, 당신의 호위병들은 너무나 완강해서 저와 같은 거지가 왕을 만난다는 것은 불가능한 일입니다. 그러니 왕이시여, 자비를 베푸소서."

왕은 어서 저 거지를 처치하고 싶은 나머지 거지에게 물었다.

"나에게 무엇을 원하느냐? 네가 원하는 것은 무엇이든 얻도록 해 줄 테니, 나의 고요한 아침을 방해하지 말고 가거라."

"저에게 제안을 하시기 전에 먼저 두 번 생각하십시오."

거지의 이 말에 기가 막힌 왕이 다시 입을 열었다.

"너는 참 이상한 거지로구나. 허락 없이 정원에 들어온 것도 그렇고, 왕에게 자비를 구하는 것도 그렇고, 네가 원하는 것이 있으면 무엇이든 말해라! 쓸데없이 나의 평화와 침묵을 깨뜨리지 말고 어서 말해라!"

그러자 거지가 갑자기 웃음을 터뜨렸다.

"깨뜨릴 수 있는 평화는 진짜 평화가 아닙니다. 깨뜨릴 수 있는 침묵은 진짜 침묵이 아닙니다. 단지 눈 뜨면 사라지는 꿈일 뿐입니다. 진짜가 아닙니다."

거지의 말을 들은 왕의 가슴이 놀라움으로 가득 찼다.

'이 거지는 지금 굉장히 중요한 내용을 말하고 있지 않은가!'

왕은 속으로 생각했다.

'이 자는 아무래도 보통 거지가 아닌 것 같다. 분명히 보통의 거지는 아니야.'

거지가 말을 이었다.

"왕이시여, 다시 한번 생각해 보시고 결정하십시오. 저의 요구는 이렇습니다. 무엇으로든 저의 동냥그릇을 가득 채워 주십시오. 그러면 저는 지체 없이 당신의 눈앞에서 사라지겠습니다. 하지만 동냥그릇을 가득 채워 주지 못하시면 저는 이 자리를 떠나지 않을 것입니다."

거지의 요구를 들은 왕이 웃음을 터뜨렸다.

"너는 미친 거지로구나. 내가 그 따위 동냥그릇을 못 채울 것 같으냐?"

왕은 그 자리에서 보물관리 신하를 불러 명령했다.

"이 거지의 동냥그릇을 다이아몬드와 값진 돌로 가득 채워 주어라."

보물관리 신하는 어리둥절했다. 거지의 동냥그릇을 다이아몬드로 가득 채우라고? 이때 거지가 보물관리 신하를 향해 말했다.

"기억하시오. 이 동냥그릇이 가득 채워지지 않으면 나는 이 자리를 떠나지 않을 것이오."

상황은 왕과 거지 사이의 시합으로 변했다. 그리고 이상한 일이 벌어졌다. 다이아몬드를 거지의 동냥그릇에 쏟아 붓자마자 순식간에 다이아몬드가 사라져 버리는 것이 아닌가! 왕은 이 광경을 보고 당황하지 않을 수 없었다.

"보물창고가 텅 비어도 상관없다. 저 거지의 동냥그릇을 가득 채우도록 하라! 하찮은 거지 따위에게 질 수는 없는 일. 위대한 제왕들을 셀 수 없이 이겨온 내가 저런 거지 따위에게 지다니 있을 수 없는 일이다."

결국 보물창고만 텅 비고 거지의 동냥그릇은 채워지지 않았다! 순식간에 소문이 나라 전체로 퍼졌다. 곳곳에서 이 소식을 들은 사람들이 왕궁으로 모여들었다. 그들은 단 한 번도 왕이 그렇게 벌벌 떠는 모습을 본 적이 없었다.

마침내 보물창고에 아무것도 남지 않게 되었다. 하지만 거지의 동냥그릇은 여전히 텅 비어 있었다. 왕은 그만 거지의 발 앞에 무릎을 꿇고 말았다.

"용서하십시오. 저는 당신의 뜻을 이해하지 못했습니다. 이런 일이 있을 것이라고 단 한 번도 생각해 본 적이 없습니다. 최선을 다했지만 저는 당신의 동냥그릇을 채우지 못했습니다. 이제 저는 당신에게 줄 것이 아무것도 없습니다. 저를 용서하시고 제발 동냥그릇의 비밀을 저에게 알려 주십시오."

눈물이 왕의 볼을 타고 흘러내렸다. 왕이 말을 이었다.

"당신의 동냥그릇은 이상합니다. 몇 개의 다이아몬드면 충분히 채워져야 할 텐데, 보물창고를 통째로 비우고도 전혀 채워지지 않으니 이상한 동냥그릇입니다."

이때 거지가 웃음을 터뜨리며 이렇게 말했다.

"이것은 보통의 동냥그릇이 아니다. 이것은 인간의 해골이다! 나는 해골을 동냥그릇으로 쓰고 있다. 이 해골은 과거의 습관을 버리지 못했다."

당신은 자신의 동냥그릇을 들여다본 적이 있는가? 그대 자신의 머리를 본 적이 있는가 말이다. 무엇을 주든 더 많이, 더 많이 달라고 요구하기만 한다.

당신의 동냥그릇은 오직 한 가지 낱말밖에는 알지 못한다. 더 많이,

더 많이. 그런 까닭에 당신의 동냥그릇은 항상 비어 있을 수밖에 없다. 언제나 거지 노릇을 할 수밖에 없다.

수평선상에는 오직 거지만이 존재한다. 거지들은 하나같이 더 많이, 더 많이를 외치면서 몰려간다. 무엇으로도 그들의 동냥그릇을 채울 수 없다. 설사 동냥그릇이 채워지더라도 그들의 욕심은 더 많은 것, 더 높은 것을 달라고 외친다. 잠깐 동안 만족감을 느낄 수는 있지만 다음 순간 똑같은 절망에 사로잡혀 더 많이, 더 많이를 외치게 된다.

아무리 위대한 왕이라도 계속해서 더 많은 것을 요구하는 동냥그릇을 채워 줄 수는 없다. 본질적으로 불가능한 일이다. 수평선의 속성이 그렇다. 항상 더 많이, 더 많이를 외친다. 절대로 만족하지 못한다. 아무리 먹어도 채워지지 않는 위장 같다.

수직선은 어떠한가? 위로 올라갈수록 조금씩 덜어진다. 그리고 마침내 텅 비는 지점에 도달하게 된다. 그곳에서 나조차 사라져 버린다. 모래 위에 그린 그림처럼 자취조차 없이 사라져 버린다. 물 위에 쓴 이름처럼 흔적도 없이 사라져 버린다.

수직선상에서 사는 사람은 구도의 길을 가는 사람이다. 깨어 있는 의식으로 살아가는 사람이다. 이름도 없고 자아도 없는 무소부재한 사람이다. 이유 없이 그저 행복한 사람이다. 내면이 텅 비어 있는 사람이다. 순수함으로 가득한 사람이다. 늘 만족하는 사람이다.

내면이 텅 빈 사람만이 순수하다. 텅 비어 있음으로 내면이 꽉 찬 사람만 이 우주와 화음을 맞출 수 있다. 우주와의 화음이 맞춰지면 '나'가 사라져 버린다. 우주와 하나가 된다. 내가 곧 우주가 된다. 내가 우주가 되면 저 멀리 떨어진 별조차 내 안에서 빛난다. 내면이 텅 비었으므로 무엇이나 그 안에 담을 수 있다. 꽃과 태양, 달도 담을 수 있다. 존재 세계의 모든 소리까지도 담을 수 있다.

내가 사라지고 나면 에고도 사라진다. 에고의 나도 사라져 버린다. '나'가 사라져 버린 그 자리를 당신이 채워 준다. 우주, 당신이 채워 준다. 존재 세계, 당신이 채워 준다. 깨어 있는 의식, 당신이 채워 준다. 사랑, 당신이 채워 준다.

에고가 없어지면 굉장한 환희를 느낄 수 있다. '나'가 사라지고 아무것도 남지 않게 되면 굉장한 지복감을 느낄 수 있다. 지복을 얻었으니 이제 더 이상 무엇을 필요로 하겠는가?

아무것도 없다. 이 '무'의 상태에서 더 얻기 위한 정복전쟁은 무의미하다. 우리는 우주가 된다. 새의 노랫소리가 내면에서 울려 퍼진다. 눈을 감으면 내면에서 메아리치는 새의 노랫소리를 들을 수 있다. 육체라는 장벽이 사라져 버리고 우주의 모든 소리가 내면에서 울려 퍼지기 시작한다.

수직선상에서 우리는 육체에서 멀어지는 대신 의식에 더 가까이 다가서게 된다. 몸과의 모든 동일시가 사라지고, 새의 노랫소리가 내면에서 울려 퍼진다. 꽃이 활짝 피고, 나무들이 깨어나는 아름다운 아침이 바로 우리 안에서 시작된다. 내면에 모든 것을 가진 사람의 삶보다 더 부유한 삶은 없다. 해와 달, 별들 그리고 무한한 시간과 공간이 우리 안에 있다. 더 이상 무엇을 원하겠는가?

에고가 사라지고 대양과 같은 존재 세계가 우리의 한 부분이 되어 가는 것, 이것이 바로 진정한 깨달음이다.

위대한 인도의 신비가 카비르는 제대로 된 교육을 받지 못한 사람이었다. 하지만 그는 굉장히 의미 깊은 시구들을 후세에 남겼다. 카비르가 쓴 시 중에서 그가 죽기 직전에 수정한 시가 하나 있다. 카비르가 아직 젊었을 때 적은 아름다운 시이다.

이른 아침 태양 아래,
진주처럼 반짝이는 이슬방울이
연꽃을 타고 바다로 미끄러져 간다.

그는 이렇게 말했다.
"똑같은 일이 나에게도 일어났다.
친구여, 나는 오랫동안 나를 찾으러 다녔다네. 그리고 나를 찾는 대신 우주 한가운데서 길을 잃고 말았지. 이슬방울이 바다 속으로 사라져 버리듯 나는 우주 한가운데서 길을 잃어버리고 말았다네."
죽기 바로 직전, 눈을 감으면서 그가 아들 카말에게 한 부탁이 있었다.

"내가 쓴 시의 한 구절을 바꿔다오."

그러자 카말이 이렇게 말했다.

"저는 오랫동안 문장 어딘가가 잘못 되었다고 생각했습니다."

그리고 그는 아버지 카비르에게 자신이 이미 수정한 내용을 보여 주었다. 카비르가 잘못된 내용에 대해 알아차리기도 전에 카말은 이미 그 내용을 수정해 놓았다! 카비르가 아들을 카말이라고 부른 이유를 알 수 있다.

"너는 기적과 같은 사람이구나."

카말은 '기적'을 의미한다. 그리고 카말은 실제로 기적과 같은 사람이었다. 그는 카비르가 바꾸고 싶어 하는 부분을 이미 수정해 놓았다.

나의 친구여, 나는 오랫동안 나를 찾으러 다녔다네.

나 자신을 찾기는커녕 온 세상을 찾아냈지, 온 우주를 찾아냈지.

이슬방울이 바다 속으로 사라지는 대신

바다가 이슬방울 속으로 사라져 버렸다네.

대양이 이슬방울 속으로 사라져 버리면, 이슬방울은 경계선을 잃어버린 채 무無로 돌아간다.

수직선상에서 우리는 조금씩, 조금씩 사라지다 어느 날 더 이상 존재하지 않게 된다. 대양이 이슬방울 속으로 사라져 버리듯.

임제선사에게는 아주 이상한 버릇이 하나 있었다.

아침에 잠에서 깨어날 때마다 그는 이렇게 묻곤 했다.

"임제, 자네 아직 여기에 있는가?"

그러면 제자들은 눈을 휘둥그렇게 뜨고 스승에게 물었다.

"이게 무슨 말도 안 되는 짓입니까?"

"나는 언젠가 이런 대답이 나오는 순간을 기다리고 있을 뿐이다. '아니, 존재 세계만 있을 뿐 임제는 없다네.'"

인간의 의식이 도달할 수 있는 궁극의 정점이 바로 임제선사가 말한 그 순간이다. 정점에 도달하지 못한 채 어두운 길목을 배회하는 사람은 고통과 불행에 빠진 장님과 같다. 아무리 많은 지식을 축적하더라도, 위대한 학자라는 칭송을 들을지라도 소용이 없다. 가장 간단한 한 가지, 모든 종교적 경험의 본질인 한 가지가 빠져 있다면 쓸모없는 칭송일 뿐이다. 그 한 가지가 바로 명상이다. 명상이 없는 삶은 사념에서 시작해 사념으로 끝난다.

내면으로 들어가 보아라. 얽히고설킨 사념의 무리 때문에 빠져나오기가 힘들 지경이다. 하지만 우리는 사념이 아니다. 사념이 아니기 때문에 우리는 사념에서 빠져나올 수 있다. 사념과 우리 사이에 거리감을 만들 수도 있다. 거리가 멀어질수록 사념은 마른낙엽처럼 떨어지고 만다.

사실 사념에게 먹이를 주고 힘을 돋워 준 것은 다름 아닌 우리 자신이다. 사념과 자신을 동일시한 우리 자신이다. 우리가 먹이를 주지 않으면 사념은 존재할 수 없다. 스스로의 힘으로 서 있는 사념을 본 적이 있는가?

사념에 대해 무관심해져야 한다. 고타마 붓다는 우펙샤Upeksha라는 낱말을 썼다. 마음에 대해서 무관심해진다는 뜻이다. 그러면 저절로 마음과의 사이에 거리감이 생기면서 사념에게 전해지던 모든 에너지가 차단된다. 마치 비누거품처럼 사념이 사라져 버린다. 모든 사념이 사라지게 되는 그 순간, 우리는 임제와 똑같이 '임제, 자네 아직 여기에 있는가?'라는 질문을 하게 된다. 그리고 '아니, 그 임제라는 사람이 누구인가?'라는 대답을 하게 되는 위대하고 드문 순간을 맞게 된다.

이 침묵이 바로 명상이다. 모든 사람이 피카소처럼 대작을 그릴 수는 없지만 깨달음을 얻을 수 있는 잠재력을 가지고 있다. 모든 사람이 타고르처럼 아름다운 시를 쓸 수는 없지만 깨달음을 얻을 수 있는 잠재력을 가지고 있다.

명상은 재능이 아니다. 누구나 피카소가 될 수는 없다. 타고르나 미켈란젤로와 같은 사람들은 재능을 타고났다. 하지만 깨달음은 누구에게나 열려 있는 문과 같다. 따로 재능을 필요로 하지 않는다. 깨달음은 우리의 타고난 본성이다. 단지 우리가 사념에 휩싸여 그 사실을 잊어버리고 있을 뿐이다.

깨달음이 우리의 본성이라는 궁극적인 사실은 오직 사념이 사라진 이후에 비로소 구체화될 수 있다. 아무런 방해 요소가 없을 때 표면화

될 수 있다.

수직선상의 삶을 사는 사람을 찾기란 드물다. 어쩌면 존재 세계에서 가장 드물게 볼 수 있다고 해도 과언이 아니다. 극소수의 사람들만이 수직적인 삶을 살았다. 수직선은 우리들을 영원과 불멸의 여행으로 이끌어 준다. 그 길 위에 피어난 꽃들은 마음에 의해 흔들리지도 않고, 그 길 위에서 한 경험은 언어로 설명될 수도 없다.

굳이 증거를 대라면 그 길을 떠나본 여행자의 경험밖에는 내세울 게 없다. 그의 눈에서 볼 수 있는 가슴의 깊이와 그의 몸짓에서 보이는 수직적 삶의 우아함밖에는 없다.

우리가 수직적인 삶을 살게 되면 삶 전체가 빛을 발하게 된다. 삶 전체가 펄떡거리는 심장처럼 살아서 고동친다. 삶 전체가 온 세상이라도 덮을 만큼 거대한 에너지의 장을 창조해낸다.

선입견으로 가득한 사람들은 그 빛을 볼 수 없다. 경험한 적 없는 것들에 대한 결론을 이미 내려 버린 사람들은 고동 소리를 들을 수 없다. 나는 그들에 대해 유감을 표하지 않을 수가 없다. 그들은 눈을 뜨고 있지만 앞을 볼 수 없는 장님들이다. 귀가 있으나 소리를 듣지 못하는 귀머거리들이다.

아무런 선입견도 없고 가슴이 열려 있는 사람들은 여행자를 보자마자 그가 발산하는 빛을 볼 수 있다. 미지의 세계에 대해 미리 결론을 내리지 않은 사람들은 여행자의 고동 소리를 들을 수 있다. 에너지장을 느낄 수 있다. 수직선상에 선 여행자의 가슴과 아직 수직선에 도달하지 못했으나 열린 그들의 가슴 사이에 즉각적인 교감이 일어난다. 그리고 교감이 일어나는 그 순간, 그들의 삶도 수직적으로 움직이기 시작한다.

여기에 쓰인 낱말들은 하나같이 언어로 설명될 수 없는 것을 언어로 설명하기 위해 쓰였다는 사실을 기억해야 한다.

노화의 법칙

모든 사람은 늙어간다.

태어난 그날부터 매 순간 우리는 늙어간다. 어린 시절은 끊임없는 변화의 시기이다. 청년기도 마찬가지다. 마치 끊이지 않는 물결처럼 끊임없는 변화가 이어진다. 하지만 죽음이 가까운 나이가 되면 변화의 물결은 멈추고 만다. 변화에서 궁극적인 휴식으로 옮겨간다. 늙어간다는 것은 우리에게 휴식을 제공해 준다.

노화의 법칙을 알고 싶은가? 나는 어린아이였던 적이 없었다. 청년이었던 적도 없었다. 나는 늙지도 않고 죽지도 않는다. 왜냐하면 나는 절대 변하지 않는 영원한 것을 내 안에서 획득했기 때문이다. 하지만 당신을 위해서 노화와 관련된 몇 가지 법칙을 알려 주겠다.

나이와 관련된 법칙이 꽤 많다. 이 세상에 늙지 않는 사람이 없기 때문에 법칙도 셀 수 없이 많다. 수많은 사상가들이 나이에 대해, 노화에 대해 끊임없이 사색하고 있다.

첫 번째 법칙은 드 네버 de Never의 마지막 법칙이다. 이 법칙은 첫 번째 법칙일 수도 있고 마지막 법칙일 수도 있다.

첫 번째 혹은 마지막 법칙: 뻔한 사실에 대해 사색하지 마라.

우리는 누구나 늙을 것이라는 분명한 사실을 잘 알고 있다. 그러므로 그것에 대해 사색하려 들지 마라. 사색이 오히려 우리를 비참하게 만들 수도 있다.

참으로 아름다운 법칙이 아닌가? '뻔한 사실에 대해 사색하지 마라.' 사실 죽음을 제외하고 인생에서 분명한 것은 하나도 없다. 죽음 외에 모든 것은 사색의 대상이 될 수 있다. 그리고 노화는 곧 죽음으로 가는 문에 불과하다.

"중년이 시작되는 시점은?"

"여자에 대한 화제 대신 위염, 관절염 등을 화제로 삼기 시작할 때."

"여자가 당신에게 NO라고 거절할 때 안심이 된다면 늙었다는 증거."

"로맨틱한 이유가 아닌 경제적인 이유로 전등을 끄기 시작할 때."

"승진하는 사람도, 후진하는 사람도 없이 당신도 남들과 같은 선상에서 움직이지 않고 있을 때."

"전만큼 할 수 있는데도 불구하고 전만큼 하지 않으려고 할 때."

노화는 신비한 경험이다. 하지만 위의 모든 법칙들은 서양의 마인드를 가진 사람에 의해 만들어졌다. 나는 동양의 마인드를 다룬 문학에서 노화를 이런 식으로 표현하는 것을 본 적이 한 번도 없다. 동양에서는 서양과 달리 노화에 각별한 의미를 두고 있다.

수평적인 삶을 산 사람에게는 노화만 남게 된다. 수직적인 삶을 산 사람은 나이가 들면서 아름다움과 우아함을 획득하게 된다. 그러므로 동양에서 나이가 든다는 것은 곧 지혜로워진다는 말과 이음동의어인 셈이다.

앞서 말한 것처럼 삶에는 두 갈래의 길이 있다. 수평적인 길과 수직적인 길이다. 수평적인 길은 어린 시절에서 청년기를 지나 노화를 거쳐 죽음에 이른다. 수직적인 길은 어린 시절에서 청년기로, 그리고 노화를 거쳐 불멸에 이른다.

두 가지 삶의 차이점은 열거하기가 힘들 정도로 많고 크다. 태어나서 청년기를 거쳐 노화를 지나 죽음에 이른 사람은 몸과의 동일시를 버리지 못한다. 그는 태어나지도 않고 죽지도 않는 자신의 본래존재에 대해 전혀 알지 못한다.

우리의 존재는 태어나지도 않고 죽지도 않는다. 언제나 그래 왔고, 지금도 그러하며, 앞으로도 그럴 것이다. 우리의 존재는 영원하다.

수평선상에서 보면 아이가 자라 청년이 된다. 수평선상의 청년기와 수직선상의 청년기는 굉장한 차이를 가지고 있다.

어린 시절은 순수의 시기이다. 그리고 거기서부터 삶이 두 가지로 나뉜다. 수평선상의 청년기는 관능과 성욕, 그리고 온갖 종류의 미신으로 가득하다. 수직선상의 청년기는 진리에 대한 탐구, 삶에 대한 탐구로 가득하다. 참자아를 알고 싶은 열망으로 가득하다.

수평선상에서 노화는 죽음을 두려워한다. 겁에 질려 두 다리가 떨린다. 죽음은 곧 무덤과 어둠일 뿐이다. 해골이 죽음의 상징처럼 보인다. 수직선상에서 노화는 축제를 의미한다. 인간이 누릴 수 있는 가장 큰 아름다움이 바로 죽음이다.

수직선상에서 보면 젊음은 좀 유치하다. 경험이 부족하기 때문에 젊음은 유치할 수밖에 없다. 하지만 나이가 들면 모든 경험으로 인해 흔들리지 않게 된다. 그것이 좋은 경험이든 나쁜 경험이든 마찬가지다. 옳은 경험이든 그른 경험이든 우리에게 흔들리지 않는 힘을 준다는 측면에서는 똑같다.

수직선상에서 나이가 든 사람은 대문을 활짝 열어 놓은 채, 궁극적인 손님의 방문을 환영할 준비를 한다. 궁극적인 손님인 죽음을 맞이하기 위해 준비를 한다. 죽음은 끝이 아니다. 죽음은 진정한 삶의 시작이다.

나는 노화와 성장 사이의 차이점을 분명히 하고 싶다. 아주 극소수의 사람들만이 성장의 행운을 얻었다. 대부분의 사람들은 단지 노화할 뿐이다. 죽음을 향해서 나아갈 뿐이다.

죽음은 수직선상에는 존재하지 않는다. 수직적 삶은 불멸과 신성으로 가는 길이다. 그 길 위에서 나이가 든 사람은 당연히 우아함과 아름다움, 자비와 사랑에 도달할 수밖에 없다.

불교 경전에 보면 자주 언급되는 내용이 있다. 붓다는 나이가 들면서 점점 더 아름다워졌다는 내용이다. 이것을 나는 진짜 기적이라고 말한다. 물 위를 걷거나 물을 포도주로 바꾸는 것은 진짜 기적이 아니다. 어떤 술주정꾼이라도 물 위를 걸을 수 있다. 어떤 범죄자라도 물을 포도주로 바꿀 수 있다.

진짜 기적은 바로 이것이다. 나이가 들면서 붓다는 젊었을 때보다 훨씬 더 아름다워졌다! 나이가 들면서 붓다는 어렸을 때보다 훨씬 더 순수해졌다! 이것이 바로 성장의 참된 의미이다.

수직선상의 삶이 아니라면 우리는 삶의 모든 기회를 놓칠 수밖에 없다. 수직선상에서 우리는 삶에서 멀어지는 게 아니라 매일매일 삶에 좀 더 가까이 다가갈 수 있게 된다. 탄생은 죽음의 시작이 아니라 영원한 삶의 시작이 된다. 이해하겠는가? 수직선과 수평선, 두 개의 줄이 삶에 그토록 큰 차이점을 만들어낸다.

서양에서는 수직적인 삶에 대한 언급을 찾아볼 수가 없다. 왜냐하면 그들은 진정한 풍요로움은 내면에 있다는 정신적인 환경에서 성장하지 않았기 때문이다. 그들은 신을 생각하되 외부에서 신을 찾는다. 고타마 붓다는 신을 부정했다. 나 역시 신을 부정한다. 이유는 아주 간단하다. 고타마 붓다와 내가 신을 부정하는 이유는 당신이 내면으로 들어가길 바라기 때문이다.

신이 있다면, 혹은 그와 유사한 것이라 할지라도 우리는 그 신을 우리의 내면에서 찾아야 한다. 우리 자신의 환희 속에서, 우리 자신의 영원함 속에서 찾아야 한다.

대부분의 사람들은 인간을 몸-마음 구성체로 보는 실수를 저지르고 있다. 그러한 사고방식은 존재의 아름다움, 우아함을 파괴하고 우리를 두려움에 떨게 만든다. 죽음을 두려워하게 만들고 노화를 거부하도록 종용한다.

서양에서 나이 든 여자에게 '젊어 보이시네요.'라고 말하면, 그녀는 거울 앞에 서서 몇 시간 동안이고 남아 있는 젊음의 잔재를 찾으려고 안간힘을 쓸 게 뻔하다. 자신이 더 이상 젊지 않다는 것을 알면서도 말이다. 젊다는 말을 부정하기는커녕 오히려 굉장한 행복감에 젖어든다.

동양에서는 늙은 여자에게 '젊어 보이시네요.'라는 말을 하지 않는다. 나이 든 사람에 대한 경외감과 존경심을 근간으로 하는 동양에서 이런 말은 자칫 모욕감을 유발할 수 있기 때문이다.

내가 아직 젊었을 때 있었던 일이다. 나와 가깝게 지내던 일가족이 있었는데 그들은 모두 한 수상가에게 굉장한 관심을 가지고 있었다.

그들은 나를 사랑했고, 나는 최소한 일 년에 세 번쯤 그들을 방문하여 삼사 일 정도 함께 머무르곤 했다. 언젠가 내가 그들을 방문했을 때의 일이다. 그들은 나와 한마디 상의도 없이 손바닥을 읽는 수상가에게 나의 손바닥을 읽고 나에 관한 내용을 알려 달라고 부탁해 놓았다.

내가 그 사실을 알게 되었을 때는 이미 그와의 약속이 정해진 다음이었다. 수상가는 그 집 거실에 앉아서 나를 기다리고 있었다.

"좋아, 재미있는 시간이 되겠군."

내가 말했다. 나는 그에게 나의 손을 보여 주었다. 손바닥을 이리저리 들여다본 수상가가 입을 열었다.

"당신은 최소한 여든 살은 되었겠군."

이 말을 들은 그 집 딸 하나가 벌컥 화를 냈다.

"무슨 바보 같은 말이에요? 손바닥을 잘 읽는다더니 순전히 엉터리잖아요."

그때 당시 나는 서른다섯을 넘지 않은 나이였다. 장님이라고 해도 서른다섯과 여든 살의 차이를 금방 짚어낼 수 있을 텐데, 그녀는 너무 화가 나서 나에게 이렇게 말했다.

"이 사람은 도대체 말도 안 되는 소리를 하는군요. 저런 사람이 뭘 알겠어요?"

내가 말했다.

"너는 제대로 이해를 못하고 있다. 네가 너무 서구화되고 서구식의 교육을 받아서 그래. 너무 오래 서양에서 교육을 받은 탓에 그가 말하는 의도를 제대로 이해하지 못하고 있다."

"뭘 이해 못한다는 거예요? 저 사람이 한 말을 들었잖아요? 굳이 이해할 필요도 없는 말이에요. 그런 엉터리 같은 말을 하다니……. 서른다섯 살밖에 먹지 않은 젊은 사람에게 여든 살이라고 하는데, 그런 바보 같은 말이 어디 있어요?"

나는 그녀에게 랄프 왈도 에머슨Ralph Waldo Emerson에 관한 이야기를 들려주었다.

한 남자가 에머슨에게 물었다.

"당신은 몇 살입니까?"

에머슨이 대답했다.

"거의 삼백육십 살쯤 되었습니다."

남자는 자신의 귀를 의심했다. 에머슨은 진실만을 말하는 사람이라고 믿어 왔는데, 지금 이 사람이 무슨 말을 하는 것인가? 이 사람이 미친 것인가, 아니면 농담을 하고 있는 것인가?

남자는 의심에 찬 나머지 에머슨의 말을 알아듣지 못한 척하며 다시 말했다.

"당신이 뭐라고 했는지 듣지 못했습니다. 몇 살이라고 하셨지요?"

에머슨이 대답했다.

"당신은 내 말을 알아들었잖습니까? 나는 삼백육십 살쯤 되었습니다."

"믿을 수가 없습니다. 당신은 겨우 육십 살 정도로 보이는데, 무슨 말씀입니까?"

놀란 남자의 말에 에머슨이 이렇게 대답했다.

"당신의 말이 전혀 틀린 것은 아니지만, 수직선상으로 보면 나는 삼백육십 살입니다. 그리고 수평선상으로 보면 육십 살입니다."

아마도 에머슨이 수직선과 수평선의 개념을 사용한 최초의 서양 사람이었을 것이다. 에머슨은 동양에 관해 굉장한 관심을 가지고 있었다. 명상에 관한 몇 번의 일견이 그를 우파니샤드와 가깝게 만들어 주었다. 그가 말을 이었다.

"나는 육십 년을 살았습니다. 당신의 말이 맞아요. 하지만 나의 육십 년은 남들의 삼백육십 년보다 훨씬 더 강렬했습니다. 나는 여섯 배나 더 강한 삶을 살아온 셈입니다."

수직선은 숫자로 나이를 세지 않고 경험으로 나이를 센다. 수직선상에는 존재 세계의 모든 보물이 놓여 있다. 불멸성과 신성의 체험, 그리고 미움이 전혀 없는 순수한 사랑의 첫 체험이 거기에 있다. 그곳에서 우리는 처음으로 자비를 체험해 볼 수 있다. 명상을 처음으로 체험해 볼 수 있다. 깨달음이 마치 화산처럼 분출하는 경험을 처음으로 해볼 수 있다.

서양에서 깨달음Enlightenment이라는 단어가 동양의 그것과 의미가 같지 않다는 사실은 단순한 우연의 일치가 아니다. 서양에서는 어둠의 시대가 가고 깨달음의 시대가 왔다고 말한다. 그리고 버트런드 러셀이나 장 폴 사르트르, 카를 야스퍼스와 같은 사람들을 깨달은 천재라고 지칭한다. 그들은 자신들이 깨달음이라는 낱말을 진흙탕에 처박는 실수를 저지르고 있다는 사실을 알지 못하고 있다. 버트런드 러셀은 물론, 장 폴 사르트르나 카를 야스퍼스 중 어느 누구도 깨달음을 얻지 못했다.

깨달음은 수평선상에서는 절대로 일어날 수 없다. 늙은 나이에도 장 폴 사르트르는 여전히 젊은 여자들의 뒤를 쫓아다녔다. 버트런드 러셀은 아주 여러 번 부인을 바꿨다. 그리고 그는 수평선상에서 아주 오래 살았다. 거의 100년 가깝게 살았지만, 그의 관심은 젊은 사람들 못지않게 바보 같은 일에 쏠려 있었다.

동양에서 깨달음이라는 낱말은 천재성과 전혀 무관하게 쓰이고 있다. 지식과도 전혀 무관하다. 오히려 자신의 진정한 자아를 발견하는 것과 연관성을 맺고 있다. 내면에 있는 신을 발견하는 것과 크게 관련되어 있다.

수평선은 소위 천재들이 만들어 놓은 법칙들로 가득하다. 수직선상에는 오직 사랑만 있을 뿐, 법칙은 없다. 점점 더 영적으로 변해가면서 육체적인 집착이 줄어든다. 점점 더 명상적으로 변해가면서 마음의 소리가 줄어든다. 점점 더 신성으로 충만해지면서 물질적인 세상에 대한 욕망이 줄어든다.

수직선상에서는 욕망이 천천히 사라진다. 성욕이 사라진다. 야망이 사라진다. 권력에 대한 욕심이 사라진다. 종교, 정치, 국가에 대한 노예적인 종속이 사라진다. 우리는 점점 더 개체로서 자신의 자리를 찾게 된다. 개체성이 좀 더 명료해지고 환하게 빛나면서 모든 인류가 하나로 보이기 시작한다. 구분이 사라지게 된다.

수직선상에는 놀라운 경험들로 가득하다. 수평선상에는 오직 쇠퇴만이 존재한다. 늙은 그 사람, 수평선상에서 과거를 살아간다. 젊었을 때, 아라비안나이트같이 아름다웠던 과거를 회상하며 살아간다. 지고 가야 할 책임감이 없던 아름다운 시절, 나비를 쫓아 뛰어다니던 어린 시절을 살아간다. 마치 그의 삶 전체가 나비의 뒤를 쫓았던 것처럼, 나이가 든 이후에도 그의 삶은 여전히 나비를 쫓고 있는 것 같다.

수평선상에서 사람들은 나이가 들수록 욕망에 얼이 빠지게 된다. 이제 앞에 남은 것은 죽음뿐이라는 사실을 알고 있기 때문에 더욱 욕망에 열을 낸다. 시간이 얼마 남지 않았으니 최대한 즐기는 것 말고 다른 게 뭐가 있겠는가? 나이가 들어 육체가 쇠약해진 탓에 즐긴다는 것도 쉽지 않지만 말이다.

할 수 없이 머릿속 섹스에 집착하게 된다. 끊임없이 섹스에 대한 생각을 반복한다는 말이다. 마치 나이든 그가 생각할 수 있는 것은 오직 섹스뿐인 것처럼 말이다. 그 외에 무엇을 생각할 수 있겠는가? 아름다운 여자를 상상하면서 머릿속 섹스에 집착하는 것 말고는 아무것도 없다.

늙은 그는 계속해서 과거에 대한 생각만 한다. 인간의 심리를 엿볼 수 있는 부분이다. 어린아이는 미래만을 생각한다. 왜냐하면 아이에게는 과거가 없기 때문이다. 과거를 회상할 까닭이 없다. 어린아이에게는 어제가 없다. 아이는 앞으로 맞이하게 될 날들, 앞에 남아 있는 날들만을 생각한다. 70년이라는 시간이 앞에 펼쳐져 있는 어린아이는 어서 빨리 어른이 되어 그들이 하는 것과 똑같은 일을 하고 싶어 한다.

나이 든 사람은 미래가 없다. 노인들에게 미래는 죽음을 의미한다. 그들은 미래에 관해 이야기하는 것조차 꺼려 한다. 미래는 온몸을 떨게 만드는 무덤일 뿐이다. 그들은 오직 과거에 관한 이야기만 하고 싶어 한다.

개인뿐 아니라 나라의 경우도 마찬가지다. 예컨대 인도와 같은 나라는 절대 미래에 관해 생각하지 않는다. 이 말은 곧 인도가 늙었다는 뜻이다. 안타까운 일이다. 인도는 항상 과거만을 생각한다. 라마Rama 와 시타Sita의 생애에 관한 드라마를 끊임없이 되풀이하여 공연하고 또 하고, 몇 세기가 지났어도 여전히 똑같은 내용을 반복하고 있다. 심지어 시골의 작은 마을에서도 같은 공연을 하고 있다. 그들은 붓다와 마하비라에 대해서 생각한다. 리그베다Rigveda와 우파니샤드에 대해서 생각한다. 과거는 지나가 버렸고, 이제 이 나라는 죽을 날만을 기다리고 있다. 미래가 없다.

인도에서는 몇백만 년 전을 황금기라고 말한다. 구태의연한 사고방식, 늙은 사람의 사고방식과 유사하다. 그 황금기를 인도에서는 삿유가Satyuga, 즉 진리의 시대라고 부른다. 그 시기 이후 인간은 타락하기 시작했다고 말한다. 평행선을 이룬 두 개의 인간 심리를 읽을 수 있는 부분이다.

인간은 네 단계로 나이를 먹는다. 유년기와 청년기, 그리고 중년기와 노년기로 나뉜다. 이 네 단계는 네 가지 단면으로 구체화된다. 유년기는 어린아이처럼 순수를 먹고 자라는 나이로 아주 균형적인 시기이다. 탁자처럼 네 개의 다리를 가진 아이들, 완벽한 균형을 이루고 있다. 이 시기가 지나면 쇠퇴가 시작된다.

인도에는 진화의 개념이 없는 대신 퇴화의 개념이 존재한다. 서양에서는 쓰이지도 않는 용어가 인도에서는 일반적으로 쓰이고 있다. 인도에서는 이렇게 말한다. '우리는 축소되고 있다. 우리는 쇠락하고 있다.'

두 번째 단계로 넘어가면 다리를 하나 잃게 된다. 다리가 세 개 달린 탁자의 모습을 상상해 보면 된다. 여전히 균형을 이루고 있지만 네 개의 다리보다 못하다.

세 번째 단계에서 다시 다리 하나를 잃게 된다. 이제 두 개의 다리로 서 있다. 균형을 완전히 잃어버리게 된다.

네 번째 단계에서는 그나마 다리 하나를 또 잃어버린다. 이제 다리 하나로 서 있어야 한다. 얼마나 버틸 수 있겠는가?

첫 번째 단계를 삿유가Satyuga라고 부른다. 두 번째 단계는 트레타Treta, 셋이라는 뜻이다. 다리가 세 개뿐이기 때문이다. 세 번째 단계는 드와파르Dwapar라고 부른다. 산스크리트어에서 '드와'는 여러 의미를 거쳐 마침내 둘이라는 뜻을 갖게 되었다. 네 번째 단계는 어둠의 시기인 칼리유가Kaliyuga라고 불린다.

우리는 어둠의 시기를 살고 있다. 눈앞에 어둠만이 놓여 있는 나이든 사람들의 멘탈리티를 읽을 수 있다. 어린아이는 미래만을 생각한다. 눈앞에 펼쳐져 있는 황금미래, 그리고 나이 든 사람들은 황금과거만을 생각한다.

하지만 이 모든 것은 수평선상에서만 일어나는 현상이다. 수직선상에서는 과거도 황금빛이요, 현재도 황금빛이며 미래도 황금빛이다. 삶은 장엄한 축제의 연속일 뿐이다.

노년기의 법칙에 대해 염려하는 대신 우리가 타고 있는 기차가 어느 방향으로 가야 할지 생각해 보아야 한다. 아직 기차가 가는 방향을 바꿀 만한 충분한 시간이 있다. 매 순간 길은 두 갈래로 나뉜다. 우리에게는 방향을 바꿀 만한 충분한 시간이 있다. 누구나 방향을 바꿀 수 있다. 수평선에서 수직선으로. 그 외 나머지는 하나도 중요하지 않다.

증상들

거자필반이라고 했다. 온 것은 가게 마련이고, 떠오르는 해도 지게 마련이다. 큰 파도가 잦아드는 것처럼 모든 것은 사라져야 할 때가 온다. 열네 살에 찾아온 섹스가 마흔 아홉, 혹은 그 즈음에 사라지는 것도 같은 이치이다.

증상들

거실에 앉아 있는 낯선 사람

중년의 여자가 최근 들어 자신에게 별로 도움이 안 되는 성격적인 변화가 일어났다고 말했다.

"가끔씩 특별한 이유도 없이 엄청난 분노가 일어납니다. 아주 빨리 사라지긴 하지만, 과거에는 이러한 분노가 있는 줄도 몰랐습니다. 어쩌면 항상 분노가 있었는데 느끼지 못하고 살았는지도 모릅니다."

그렇지 않다. 이러한 일은 대개 특정한 나이에 이르면서 일어나게 되는 자연스러운 변화이다.

모든 남자는 무의식 속에 여자가 있다. 모든 여자는 무의식 속에 남자가 있다. 여자는 의식적으로 여자로 태어났기 때문에 여성적인 기능을 활용하게 된다. 그리고 여성적인 기능을 많이 사용할수록 더 지칠 수밖에 없다.

여성적인 기능이 빠르게 지치는 반면, 사용되지 않은 무의식의 남성성은 젊고 신선한 채로 남아 있다. 여성적인 면을 지나치게 많이 사용하게 되면 점점 더 약해져서 결국 의식적인 여자가 지치게 되고, 무의식적인 남자가 강대해진다.

처음에는 의식적인 여성성이 더 강하다. 그럴 수밖에 없는 것이 여자는 말 그대로 '여자의 몸'으로 태어났기 때문이다. 예를 들어 여자는 70퍼센트는 여자, 30퍼센트는 남자라고 볼 수 있다. 이 30퍼센트는 70퍼센트의 여자에 의해 억압당한 채 무의식에 갇혀 있다. 계속해서 의식적인 여자만을 사용하다 보면 의식적인 부분이 약해질 수밖에 없다. 그러던 어느 순간, 의식적인 여자가 30퍼센트 이하로 떨어지는 날이 온다. 갑자기 바퀴가 방향을 틀면서 강한 부분이 운전대를 잡게 된다.

무의식의 남자가 점점 강해지면서 한 번도 본 적 없는 행동을 하는 자신을 보게 된다. 당연히 놀라게 된다. 똑같은 일이 남자에게도 일어난다. 나이가 들면서 남자는 점점 더 여성적으로 변한다.

대개 폐경이 시작되는 마흔아홉 살쯤에 여자에게 변화가 시작된다. 한 달에 한 번씩 하던 생리가 멈추면서 여태까지 유지해 왔던 균형에 변화가 일어난다. 순식간에 새로운 사람이 여자의 존재 속으로 들어오는 것처럼 아주 이상한 현상이 일어나게 된다. 당연히 혼돈스럽고 당황스럽다. 이 낯선 사람과 어떻게 동거를 해야 할지 막막해진다.

실제로 이 낯선 사람은 항상 여자와 함께 머물러 왔다. 지하실에 머물러 있었기 때문에 단 한 번도 여자의 삶에 초대받지 못했을 뿐, 위층을 방문할 기회를 얻지 못했을 뿐, 그는 항상 그곳에 있었다. 그런데 갑자기 그가 지하실 문을 열고 나와 버렸다. 그뿐 아니라 거실에 앉아서 마치 모든 것을 소유한 것처럼 굴고 있다! 힘센 손님처럼 버티고 앉아 있다.

이제 여자가 할 수 있는 일은 그 손님을 인정하는 것뿐이다. 그리고 지켜보는 것뿐이다. 손님과 싸우려 들지 마라. 손님을 억압하려 들지도 마라. 더 이상 그를 억압할 방법이 없다. 단지 그의 존재에 대해 좀 더 깨어 있는 수밖에 없다. 새로운 태도로 그를 대해야만 한다.

그러면 한 가지 사실에 대해 깨닫게 된다. 당신은 남자도 아니고 여자도 아니라는 사실을 깨닫게 된다. 단지 여자라는 역할을 하고 있었으나 이제 다른 역할이 그 자리를 대신하게 된다는 사실을 말이다. 거부당하던 부분이 무대 위로 뛰어나와 표면에 드러나게 된다. 정복자 역할이 정복을 당하는 역할로 바뀌게 된다. 하지만 당신은 그 둘 중의 누구도 아니다. 그러므로 사실상 게임은 불가능하다.

당신이 완전하게 여자 역할을 연기했다면, 남성 에너지가 역할을 대신할 기회는 없다. 하지만 당신은 여자도 아니고 남자도 아니다. 한동안 여성 부분이 더 강해 역할을 도맡아 해왔지만, 이제 다른 부분이 무대 위로 올라오려고 안간힘을 쓰고 있다.

나이 든 여자들이 하나같이 근육질의 남자처럼 굵기 시작하는 이유를 아는가? 또한 모든 시어머니들이 극히 위험한 존재일 수밖에 없는 이유도 아는가? 여성 부분이 지치면서 지하실에 숨어 있던 남성이 무대 위로 뛰어 올라오려고 하기 때문이다.

자연스러운 현상이다. 이러한 상황을 바꿀 수 있는 치료약은 없다. 단지 좀 더 깨어 있는 것밖에 없다. 깨어 있는 상태에서 지켜보는 수밖에 없다. 게임 전체를 똑바로 바라보는 수밖에 없다.

그러다 보면 세 번째 단일체가 모습을 드러내게 된다. 즉, 여자도 아니고 남자도 아닌 단일체 말이다. 명료하게 모습을 드러내는 그것, 바로 주시하는 사람, 곧 주시하는 영혼을 일컫는다.

남성성은 육체에 머문다. 여성성도 육체에 머문다. 마음은 그림자를 뒤따른다. 내면 깊은 곳, 존재의 핵심에서 우리는 남자도 아니고 여자도 아니다. 이 사실을 이해해야만 한다. 이 사실을 이해하고 나면 이 모든 게임에 대해 간단하게 웃어넘길 수 있다. 분노의 힘에 대해 이해하게 되면 순식간에 분노가 사라지고 만다. 당신은 여자로 되돌아갈 수 없다. 당신은 남자로 되돌아갈 수도 없다. 당신은 완전히 다른 사람이 된다!

그것이 바로 우리의 참모습이다. 종교에서 초월이라고 표현하는 것이 바로 우리의 참모습이다. 인간만이 자신을 초월할 수 있는 유일한 동물이다. 남성을 초월하고, 여성을 초월하며, 이 역할 혹은 저 역할, 좋은 것과 나쁜 것, 그리고 도덕적인 것과 비도덕적인 것조차 초월할 수 있는 힘, 그것이 바로 인간의 아름다움이다.

우리는 모든 것을 초월하여 오직 순수한 의식만 남는 상태에 도달할 수 있다. 꼭대기에 서서 내려다보는 사람이 될 수 있다. 그러므로 아무런 걱정도 할 필요가 없다. 단지 지켜보기만 하면 된다. 단지 행복을 즐기면 그뿐이다!

폐경, 단지 여자들만의 비즈니스가 아니다

마흔여덟 살 남자가 성적인 장애가 있는데,
여자와 함께 있을 때 이러한 사실에 대해 말하고 싶지 않다고 했다.
또한 그는 성욕이 감퇴하고 있다는 사실을 인지하고 있다고 말했다.

음, 때가 된 게 아닌가? 대략 마흔아홉 살이 되면 남자에게도 폐경이 찾아온다. 남자의 폐경은 여자의 폐경처럼 구체적인 물질을 배출하지 않지만 분명히 존재한다. 실제로 그와 관련된 연구 보고서가 많이 나와 있다. 탄트라에서는 이미 몇 세기 전부터 이 사실을 알고 있었다. 기본적으로 남자와 여자의 화학구조란 크게 다를 수 없기 때문이다. 물론 남자와 여자는 다르지만, 크게 다르지 않다.

여자가 성적으로 성숙해지는 때가 대략 열세 살 전후라면, 남자도 역시 그때쯤 성숙해진다. 그렇다면 여자가 마흔아홉 살에 폐경을 맞는데 남자에게 폐경이 없다면 불공평하지 않겠는가? 폐경이 여자에게만 찾아오고 남자에게는 찾아오지 않는다면 신이 남성 우월주의자라는 증거밖에 안 된다. 불공평하고 불가능한 일이다.

물론 남자의 폐경은 여자의 그것과 다르다. 그런 까닭에 남자의 폐경은 여태까지 제대로 알려지지 못했다. 하지만 최근 많은 연구 보고에서 남자의 폐경을 기정사실로 인정하고 있다.

여자가 28일 주기로 생리를 하는 것처럼 남자도 생리를 한다. 약 삼사 일간 여자는 우울한 상태, 부정적인 상태에 머물게 되는데 남자도 마찬가지다. 단지 여자의 경우, 혈액이라는 구체적인 형태로 나타나기 때문에 남자의 경우처럼 의아해 할 필요가 없다. 혈액으로 인해 여자는 언제 생리가 시작되고 우울증과 부정적인 느낌이 올지 알 수 있다. 생리 기간 동안 온갖 부정적인 감정이 일어난다. 우울하고 어두워진다.

남자의 경우, 혈액과 같은 구체적인 형태는 없지만 매달 에너지의 배출이 일어난다. 약 삼사 일간 남자는 우울증과 부정적인 감정에 사로잡힌다. 매달 그 시기를 기록해 보면 부정적인 삼사 일이 28일 주기로 온다는 것을 알 수 있다.

아무 이유 없이 우울해지는 때를 일기장에 기록해 보면 구체적으로 언제 생리가 시작되는지 알 수 있다. 다시 한번 말하건대 남자도 마흔아홉 살이 되면 폐경이 나타난다. 그때부터 성적인 에너지가 감퇴하기 시작한다. 그렇다고 걱정할 필요는 전혀 없다. 자연스러운 변화이기 때문이다. 성적인 에너지가 감퇴하면서 정신적인 에너지가 증가하게 된다.

모든 일이 자연의 법칙에 따라 제대로 진행된다면 성적 에너지의 감퇴는 정신적 에너지의 상승으로 이어지게 되어 있다. 왜냐하면 이 두 에너지는 사실상 같은 에너지이기 때문이다. 단지 하나는 위로 상승하기 시작하고 다른 하나는 하강한다는 차이점밖에 없다. 성적인 관심이 줄어들면 에너지가 상승할 수 있는 가능성이 굉장히 높아진다.

폐경을 부정적으로 받아들일 필요가 없다. 오히려 굉장한 지복으로 받아들여야 한다. 받아들인다고 해서 노력할 필요는 전혀 없다. 자연의 법칙이 우리가 노력한다고 해서 뒤집어질 수는 없지 않은가? 단지 받아들이기만 하면 된다. 다른 노력은 전혀 필요하지 않다. 그저 받아들여라.

성적 에너지의 감퇴에다 '장애'라는 이름을 붙일 필요가 없다. 성적 에너지의 감퇴가 스물 대여섯 살의 남자에게 일어난다면 분명히 에너지 장애가 있다는 뜻이고 무언가 조치를 취해야 한다. 그의 에너지가 상승하지 않고 고여 있다는 뜻이므로 당연히 뭔가 방법을 찾아야만 한다. 하지만 폐경을 맞은 남자의 경우, 에너지의 감퇴는 장애가 아니라 자연스러운 현상이다.

서양에서는 남자의 폐경을 큰 문제로 다루고 있다. 왜냐하면 서구 사회에서는 섹스가 바로 인생이기 때문이다. 성적 에너지가 감퇴하기 시작하면 남자는 자신이 죽어가고 있다고 생각하게 된다. 동양에서는 성적 에너지가 감퇴하기 시작하면 오히려 기쁘게 받아들이는데 말이다. 드디어 악몽이 끝났는데 기쁘지 않을 수가 있겠는가!

에너지 장애에 대해 걱정하지 마라. 불과 1년 안에 당신은 좀 더 높은 단계에 도달해 있는 자신을 발견하게 될 테니 말이다. 다른 색깔과 빛으로 삶을 보게 될 테니 말이다. 남자가 남자로 보이지 않고, 여자가 여자로 보이지 않는다. 오히려 남자와 여자가 아닌 인간으로 그들을 보게 된다.

남자와 여자가 아닌 인간으로 가득한 세상, 세상 전체가 다르게 보인다. 사실상 여자를 여자로 보고, 남자를 남자로 보는 것은 옳지 않다. 섹스가 이런 구분을 만들어냈다. 섹스가 사라지고 나면 구분이 사라진다. 그리고 우리의 눈에는 인간만 보이게 된다.

추한 늙은이

추한 늙은이는 사회가 너무나 오랫동안 섹스를 억압해 왔기 때문에 생겨난 부작용이다. 소위 성자나 성직자들, 종교인들 때문에 추한 늙은이가 생기게 된다.

사람들이 마음껏 섹스를 즐기면서 살 수 있었다면 마흔두 살쯤-기억해라! 나는 마흔두 살이라고 말하고 있다. 여든네 살이 아니라-대략 마흔두 살에 이르면 섹스에 대한 관심을 잃게 된다. 대개 열네 살쯤 섹스에 대한 열망이 강해지듯, 똑같은 방식으로 마흔두 살에 이르면 그 열망이 사라지게 마련이다. 모든 것이 자연스럽게 흘러간다면 말이다.

섹스가 사라지고 나면 노인은 전혀 다른 유의 사랑과 자비로 가득해진다. 그가 느끼는 사랑에는 정욕이나 욕망이 전혀 없다. 그는 목적을 위해 사랑을 이용하지 않는다. 그의 사랑은 순수하고 깨끗하다. 그리고 그의 사랑에는 기쁨이 담겨 있다.

섹스는 기쁨을 준다. 오직 우리가 진정으로 섹스에 몰입할 수 있을 때 기쁨을 준다. 기쁨의 여부로 섹스의 질을 가늠해 볼 수 있다고 해도 과언이 아니다. 어떠한 억압도 없이 전적인 섹스를 경험하고 나면 더 이상 그것에 묶이지 않게 된다. 섹스에 더 이상 큰 가치를 두지 않게 된다. 경험을 통해 그것에 대한 이해가 생기면 앎이 우리에게 자유를 가져다준다.

전체적인 경험으로 인해 전적인 앎이 생기고, 섹스에 대해 가지고 있던 신비감이 사라지게 된다. 더 이상 탐구해야 할 것이 없어진다. 앎으로 인해 모든 섹스 에너지가 사랑과 자비로 전환을 이룬다. 사랑으로 가득한 노인, 그는 이 세상에서 가장 아름다운 사람이 된다. 세상에서 가장 깨끗한 사람이 된다.

이 세상에는 '깨끗한 늙은이'라는 표현을 가진 언어가 없다. 나는 이런 유의 표현을 들어본 적이 없다. 거의 모든 언어권에 '추한 늙은이'라는 표현이 존재하는 반면, '깨끗한 늙은이'라는 표현은 찾아볼 수가 없다.

이유인즉 몸이 늙고 지치면서 몸은 모든 성욕을 제거하고 싶어 하는데, 마음과 억압당해 온 욕망은 여전히 집착을 버릴 수가 없기 때문이다. 몸이 무기력해지는 것과 달리 마음은 몸이 할 수 없는 일에 끊임없이 집착하게 된다. 자연히 나이 든 그의 인생이 뒤죽박죽일 수밖에 없다. 몸은 이미 죽은 사람의 그것인데, 그의 두 눈은 섹스에 대한 욕망으로 이글거리니 얼마나 추한가! 마음은 계속해서 보챈다. 그의 모습이 추하게 변해갈 수밖에 없다. 그의 얼굴이 추하게 변해갈 수밖에 없다. 그의 내면에 추한 무언가가 자리를 잡아가는 것은 당연하다.

나는 이런 이야기를 들은 적이 있다.

한 남자가 있었다. 그는 부인과 처제가 그의 잦은 출장에 대해서 논쟁을 벌이는 소리를 듣게 되었다. 처제는 계속해서 그의 부인에게 형부가 휴양 호텔에서 열리는 모임에 참석한다는 사실에 대해 의심을 해봐야 한다고 주장했다. 그곳은 매력적이고, 결혼도 하지 않은 젊은 커리어 우먼들로 가득할 텐데 무슨 일이 일어날 수 있지 않느냐는 것이 그녀의 주장이었다.

"나? 의심?"

그의 부인이 말했다.

"왜 의심을 해야 하니? 그이는 단 한 번도 나를 속인 적이 없는데 말이야. 그이는 충실한 남편이고 점잖은 사람이야. 그리고 무엇보다 중요한 것은 그이가 너무 늙었다는 사실이야!"

몸은 순식간에 늙어 버린다. 그리고 몸은 늙어갈 수밖에 없다.

하지만 우리가 욕망대로 살지 못했다면 욕망이 항상 우리 주변을 맴돌게 된다. 우리 안에 추한 무언가를 만들어내면서 몸의 나이와 욕망의 나이 사이에 갈등이 일어난다.

나이가 들면서 우리는 세상에서 가장 아름다운 사람이 될 수 있다. 어린아이의 순수함과 똑같은 순수를 획득했다면 그보다 더 아름다운 사람이 어디 있겠는가? 심지어 어린아이의 순수보다 더 깊은 순수에 도달할 수도 있다. 나이가 들면서 우리는 성인聖人이 될 수도 있다. 하지만 나이가 든 이후에도 욕망이 그 자리에 그대로 있다면, 마치 밑바닥 깊은 곳을 흐르는 물처럼 욕망이 남아 있다면, 노년은 혼란의 극치일 수밖에 없다.

늙은 남자가 젊은 여자를 성적으로 희롱하다가 체포되었다. 여든 넷은 족히 되어 보이는 늙은이를 보면서 재판장의 치안판사는 그의 죄를 강간에서 죽은 무기를 이용한 성폭행으로 감면해 주었다.

당신이 지금 나이가 들어 가고 있다면 노년기는 바로 인생의 황금기라는 사실을 기억해야 한다. 노년은 가장 아름다운 경험의 시기이다.

어린아이는 미래에 대한 희망을 품고, 미래를 살면서 이것을 하고 저것을 할 커다란 꿈에 부풀어 있다. 모든 아이들은 언젠가 특별한 사람이 될 꿈을 가지고 있다. 알렉산더 대왕이나 스탈린, 마오쩌둥처럼 자신의 욕망대로 미래를 살아간 사람들처럼 말이다.

젊은이들은 지나치게 본능에 사로잡혀 있다. 본능이 그를 망치고 있다. 그중의 하나가 섹스이다.

현대의 연구보고에 따르면, 남자는 최소한 3분에 한 번씩 섹스에 대한 생각을 한다. 여자는 그나마 남자보다 조금 나은 편이다. 여자는 6분에 한 번씩 섹스에 대한 생각을 한다. 굉장한 차이다. 거의 두 배나 차이가 나고 있으니 말이다. 아마도 그것이 남편과 부인 사이에서 발생하는 여러 가지 균열의 원인이 아닌가 싶다.

3분마다 섹스에 대한 생각이 마음속에서 번쩍거리는 까닭에, 젊은 남자는 스스로 어쩔 수 없는 거대한 본능의 힘에 의해 조정당할 수밖에 없다. 야망을 품은 젊은이, 시간은 화살처럼 빠르게 지나가고 야망을 이루기 위해 무언가 해야 한다는 압박감이 생긴다. 모든 희망과 욕망, 어린 시절에 꾸어 왔던 꿈을 모두 이루어야 한다는 생각에 그는 조바심을 낸다. 마음이 급할 수밖에 없다.

나이 든 사람은 그 모든 유치한 욕망들이 정말로 유치하다는 사실을 알고 있다. 그는 젊은 시절에 겪었던 혼돈이 이미 사라지고 없음을 알고 있다. 나이 든 사람은 폭풍이 지나가고 침묵만 남아 있는 상태에 놓여 있다. 장엄한 아름다움과 깊이, 그리고 풍요로움으로 가득한 침묵 말이다. 그가 진정으로 성숙한 사람이라면, 아주 드물게 일어나는 일이기는 하지만 그는 아름다운 늙은이가 될 수 있다. 하지만 사람들은 대개 나이를 먹어갈 뿐 성장을 하지 않는다. 문제는 거기에 있다.

성장, 성숙, 각성 그리고 이해. 노년은 우리에게 주어진 마지막 기회이다. 죽음이 찾아오기 전에 준비를 해야만 한다. 우리는 어떤 식으로 죽음을 준비할 수 있는가? 매 순간, 좀 더 명상적인 삶을 사는 것만이 유일한 방법이다.

　몸이 늙어 욕망을 채워 줄 수 없다고 해도 걱정할 필요가 없다. 숨어 있는 욕망이 있다고 해도 걱정할 필요가 없다. 그저 그 욕망에 대해 명상을 하면 된다. 욕망을 지켜보고 그것에 대해 깨어 있으면 된다. 단지 깨어 있는 상태에서 지켜보는 것만으로도 욕망과 욕망의 에너지에 변형이 일어난다. 죽음이 찾아오기 전에 그 모든 욕망으로부터 자유로워져야만 한다.

　내가 말하는 욕망으로부터의 자유란 곧 모든 욕망의 대상물로부터의 자유를 의미한다. 그때 순수한 열망만이 남게 된다. 순수한 열망은 신성하다. 순수한 열망은 신이다. 순수한 열망은 대상물을 필요로 하지 않는다. 순수한 열망은 순수한 창조성이다. 특정한 방향이나 목적지를 두지 않는다. 오직 순수한 에너지만 남는다. 특정한 목적지가 없는 에너지의 연못이 바로 불성이다.

쓴맛

인생은 쓴맛이다.

우리가 원하는 것을 이루지 못했기 때문에 인생은 쓴맛이다. 모든 사람들이 쓴맛을 느낀다. 하나같이 인생은 쓴맛이라고 믿으며 살아간다.

쓴맛이 곧 인생이라면 인생은 얼마나 무의미한가? 분명히 쓴맛 이상의 무엇이 있을 것이다. 그 무엇을 찾지 못한다면, 사람들은 죽을 때까지 쓴맛을 보게 될 것이다. 인생의 쓴맛 때문에 분노가 일어나고 질투심과 폭력, 증오와 같은 모든 부정적인 감정들이 생겨난다. 그런 감정들로 인해 인생은 더욱더 쓰게 느껴질 수밖에 없다.

계속해서 이런 저런 불평을 하는 사람들이 있다. '내가 지금 여기서 무엇을 하고 있는가?' '나는 왜 여기에 있는가?' '아무 일도 일어나지 않고 있다. 그런데 나는 왜 목숨을 붙이고 있어야 하는가?'

시간은 쉴 새 없이 흘러가고 있는데 삶은 아무런 지복감도 없이 무미건조하게 지속되고 있다. 당연히 쓴맛이 날 수밖에 없다.

나이 든 사람들이 쓰게 느껴지는 것은 우연의 일치가 아니다. 나이 든 사람들과 함께 산다는 것은 쉬운 일이 아니다. 설사 그들이 우리의 친부모라고 해도 그들과 함께 산다는 것은 만만치가 않다. 왜냐하면 그들의 인생은 순식간에 하수구를 빠져나간 물처럼 허망하게 사라져 버렸기 때문이다.

그들이 쓰게 느끼는 것도 당연하다. 나이 든 사람들은 툭하면 부정적인 감정을 다른 사람들에게 쏟아 붓고, 화를 내면서 매사가 마음에 들지 않는다고 투덜거린다. 어린아이들의 행복이 못마땅하다며 짜증을 부린다. 춤추고 노래하고 기쁨에 겨워 소리 지르는 어린아이들을 도저히 참을 수가 없다고 소리친다. 인생을 놓쳐 버린 그들에게 어린아이들은 성가신 존재일 뿐이다.

노인들이 아이들에게 '나를 귀찮게 하지 마라.'라고 말할 때 사실 그 말은 '어떻게 너 혼자만 그토록 행복할 수가 있단 말이냐?'라는 뜻을 담고 있다. 그들은 젊은 사람들을 참을 수가 없다. 노인들은 젊은 이들이 무엇을 하든 죄다 잘못한다고 생각한다.

솔직히 말하자면 그들은 인생이라고 하는 모든 것에 대해 쓴맛을 느끼고 있다. 그리고 그 쓴맛을 표현할 핑계를 여기저기서 찾고 있을 뿐이다. 인생을 쓰게 느끼지 않는 노인을 찾기란 쉽지 않다. 아주 아름다운 삶을 살아온 노인, 성장을 끝마친 노인을 찾기가 어렵다는 뜻이다.

아름다운 삶을 살아온 노인은 아름답기 그지없다. 그는 젊은이들이 갖지 못한 특별한 아름다움을 가진 사람이다. 잘 익은 열매의 원숙함, 성숙함을 가진 노인은 비로소 제철을 만난 과일처럼 달디 달다. 많은 것을 보았고, 많은 것을 누렸으니 오직 그 가슴이 신에 대한 감사함으로 가득할 수밖에 없다.

이런 노인을 찾기란 굉장히 어렵다. 그러한 노인은 바로 붓다, 혹은 예수와 같은 사람이다. 오직 깨어 있는 사람만이 노년기에도 쓴맛을 느끼지 않는다. 깨어 있는 사람만이 남들에게 쓴맛을 보이지 않는다.

대개의 노인들에게 인생은 이미 끝나 버렸다. 죽음이 다가오고 있다. 더 이상 행복할 일이 뭐가 있겠는가? 화가 나지 않을 수 없는 일이다.

물론 분노로 가득 찬 젊은이들도 있다. 하지만 젊은이의 분노는 화가 잔뜩 난 노인에 비한다면 아무것도 아니다. 사람들은 노인들의 분노에 대해 크게 신경을 쓰지 않는 것 같다. 하지만 나의 경험에 비추어 보건대, 노인만큼 무섭게 화를 내는 사람도 없다.

쓴맛은 무지와 같은 상태에서 나타난다. 우리는 그 상태를 넘어서야 한다. 그 상태를 넘기 위해서 우리는 유일한 해결책인 각성에 대해서 배워야만 한다.

쓴맛을 넘어서는 것, 무지를 넘어서는 것이 바로 혁명이다. 모든 불평불만과 거절을 뛰어넘어 수용과 긍정이 내면을 가득 채우게 될 때 아름다운 향기가 우리의 존재를 가득 채워 준다. 쓴맛에 쓰였던 모든 에너지가 향기로 변형을 이루게 된다. 단지 Yes, Yes, Yes만 남게 되는 상태에 도달해야 쓴맛을 넘어설 수 있다.

변화의 시기

주변을 둘러보아라. 저녁은 끝이 아니다. 아침이 시작이 아닌 것처럼 말이다. 아침은 저녁을 향해 나아가고 저녁은 아침을 향해 나아간다. 이렇게 모든 것은 끊임없이 돌고 돈다.

변화의 시기

No에서 Yes로

깨어 있는 의식은 우리에게 자유를 준다.

자유는 Yes라고 말할 수 있는 자유만을 일컫지 않는다. 겨우 Yes라는 말을 하는 게 자유의 참된 의미라면 새장에 갇힌 새가 누리는 자유와 다를 게 무엇인가? 쇠사슬에 묶인 자유는 진정한 자유가 아니다.

자유란 두 가지를 모두 포함하고 있어야 한다. Yes와 No를 모두 가지고 있어야 한다. 긍정할 수 있는 자유와 부정할 수 있는 자유가 있어야 한다. Yes라고 말할 권리와 No라고 말할 권리를 모두 포함하고 있어야 한다.

내 말을 이해할 수 있는가? 사람들은 '예'라고 말할 때보다 '아니오'라고 말할 수 있을 때 더 많은 자유를 느낀다. 나는 새로운 이론을 정립하려는 것이 아니다. 그대 자신을 관찰해 보면 이 사실을 알 수 있을 것이다. 사람들은 '아니오'라고 말할 때 더 많은 자유를 느낀다. '예'라고 말할 때는 다른 사람에게 복종을 했다거나 고개를 숙였다는 생각 때문에 자유가 반감되었다는 느낌이 든다. '아니오'라고 말할 권리가 없는 것인가 하는 의심이 들기도 한다.

'아니오'는 당신이 고집 세고 자기주장이 강한 사람이라는 의미로 들린다. '아니오'는 당신은 싸울 준비가 되어 있다는 느낌을 준다. '예'보다 '아니오'가 우리의 성격을 더 분명하게 드러내 주는 것 같다. '예'는 뜬구름처럼 알맹이가 없어 보인다. '아니오'는 바위처럼 견고하고 속이 꽉 차있는 것 같다.

심리학자들에 따르면 일곱 살에서 열네 살 사이의 아이들은 '아니오'라는 말을 훨씬 자주 쓴다. '아니오'를 통해 어린아이는 어머니의 심리적인 자궁으로부터 벗어나게 되기 때문이다. 그래서 굳이 '아니오'라고 말할 필요가 없는 상황에서도 아이는 '아니오'라고 말한다. 심지어 '예'라고 말해야 할 상황에서도 '아니오'라고 말할 때가 있다.

열네 살에 이르면 소년소녀는 이제 성적으로 숙성해진 탓에 어머니에게 혹은 아버지에게 강하게 '아니오'를 표시한다. 그들은 이제 다른 여자와 혹은 남자와 사랑에 빠질 나이가 되었다.

'아니오'라는 강한 거부를 통해 소년은 어머니에게서 등을 돌리게 된다. 그의 '아니오'는 이런 의미를 담고 있다.

"이제 엄마와는 끝났어요. 나는 다른 여자를 선택했어요. 나도 이제 어른이에요. 내가 원하는 대로 할 권리가 있다고요. 나는 이제 내 인생을 살고 싶어요. 내가 하고 싶은 대로 하면서 살 거예요."

부모가 '머리를 짧게 깎도록 해라.' 하고 명령하면 아이들은 머리를 길게 기르기 시작한다. 부모가 '머리를 기르도록 해라.' 하고 말하면 아이들은 당장 머리를 짧게 자르고야 만다.

히피들이 부모가 된다고 가정해 보자. 머리를 기르고 다녀도 좋다고 말하는 히피 부모의 자녀들은 하나같이 짧은 머리를 하고 다닐 게 뻔하다. 왜냐하면 그들은 '아니오' 수업을 받고 있기 때문이다.

부모가 '청결은 만복의 근원이란다.'라고 말하면 아이들은 그때부터 주변을 최대한 지저분하게 해놓고 살아간다. 목욕도 하지 않고, 몸을 청결하게 유지할 생각도 하지 않으며, 심지어 비누조차 사용하려 들지 않을 게 뻔하다. 비누는 피부에 나쁘다느니, 비누 사용은 자연의 법칙에 어긋난다느니, 혹은 비누를 쓰는 동물은 하나도 없다느니 하면서 얼토당토않은 논리를 늘어놓을 것이다. 그럴듯한 이유들을 제시하지만 사실 '아니오'를 감추기 위한 변명들일 뿐이다. 솔직히 말해서 그들은 단지 '싫어요', '아니오'라고 말하고 싶을 뿐이다. 물론 거부의 의사를 표현할 때는 당연히 그럴듯한 이유를 제시해야만 한다.

그런 이유로 '아니오'는 일종의 자유를 제공하는 것 같다. 뿐만 아니라 일종의 지성까지 주는 듯하다.

'예'라고 말하는 데 지성은 필요하지 않다. '예'라고 말하는 사람에게 이유를 묻는 사람은 아무도 없다. 이미 긍정해 버린 마당에 누가 이유를 묻겠는가? '예'라는 대답에 대해서 논쟁이나 이유를 따지는 것은 어리석은 일이다.

하지만 '아니오'라고 말하면 사람들은 반드시 그 이유를 묻는다. 당연히 설득력 있는 이유를 제공하려면 지성을 갈고닦지 않을 수 없다. 명확한 정의와 나름대로의 스타일, 그리고 거부할 수 있는 자유를 필요로 한다. '아니오'의 심리를 잘 지켜보아라.

인간에게 있어 조화를 이루는 삶이란 그다지 쉽지 않다. 깨어 있는 의식만이 우리에게 자유를 부여한다. 깨어 있는 의식만이 우리 안에서 조화를 이루어낸다. 깨어 있는 의식만이 '아니오'와 '예' 사이에 조화와 균형을 만들어낸다.

'예'가 없이는 조화도 없다. '예'는 곧 조화로움이다. '아니오'가 없이는 조화도 없다. '아니오'가 곧 조화로움이다.

'예'라고 말하면서 여전히 자신만의 독특함을 유지하기 위해서는 많은 노력이 필요하다. 성숙한 사람만이 그렇게 할 수 있다. '예'라고 말하지만 절대 노예로 전락하지 않기 위해서는 그야말로 성장과 성숙을 위한 많은 시간이 필요하다.

어린아이들이 '아니오'에 의해서 얻은 자유는 아주 유치한 자유일 뿐이다. 일곱 살짜리 꼬마나 열네 살짜리 소년에게나 적당한 자유다. 유치한 자유에 묶여 전 생애를 소모하는 사람은 평생 '아니오'만을 말하는 사람이다. 그는 이미 성장을 멈춘 어린아이 같은 어른에 불과하다.

궁극적인 의미의 성장이란 어린아이가 '아니오'라고 말할 때 느끼는 즐거움을 가진 상태에서 '예'라고 말할 수 있을 때 일어난다. 거대한 자유와 즐거움 속에서 '아니오'라고 말할 수 있는 사람만이 궁극적인 의미의 성장을 이룬 사람이다. 주저함도 없고 자기의심도 없으며 남들에게 영향을 받지 않은 채, 오직 순수하고 단순한 즐거움 속에서 그저 순수하고 단순하게 '아니오'라고 말할 수 있는 사람이 진정한 의미의 성인聖人이다.

성인의 삶은 조화를 되찾았다. 그가 누리는 조화는 나무와 동물, 그리고 새들이 누리는 조화와는 다르다. 동식물들이 조화로운 삶을 사는 까닭은 그들이 '아니오'라고 말할 수 없기 때문이다. 성인이 조화로운 삶을 사는 까닭은 그가 '아니오'라고 말할 필요가 없기 때문이다.

그리고 인간은 그 둘 사이, 새들과 붓다 사이에 놓여 있다. 제대로 성장하지 못하고 성숙하지 못하며, 유치하기 그지없고 갈 길을 잃은 그들은 자유를 느껴 보고 싶어서 쉴 새 없이 '아니오'를 남발한다.

이 말은 절대 '아니오'라고 말하는 방법을 터득하지 못하게 하려는 의도가 아니다. 오히려 분명한 거부의 뜻을 밝혀야 할 때, '아니오'라고 말하는 방법을 익히라는 말이다. 그러다 보면 '예'라는 말과 함께 따라오는 훨씬 차원 높은 자유가 있음을 알게 되리라. 훨씬 굳건한 조화로움과 함께 말이다.

일치감과 자기중심

일치감은 사실상 우리의 존재 깊은 곳에 이미 존재하고 있다.

우리의 중심, 바로 그곳에서 우리는 하나를 이루고 있다. 그렇지 않다면 우리는 존재할 수도 없다. 중심이 없다면 어떻게 존재할 수 있겠는가? 수레가 움직이는 이유는 움직이지 않는 중심이 바퀴를 움직이기 때문이다. 수레는 바퀴의 축에서부터 움직인다. 우리가 이 사실을 알고 있든 알지 못하든 상관없이 말이다.

우리는 살아 있다. 우리는 숨을 쉬고 있다. 우리는 깨어 있다. 삶은 계속되고 있다. 분명히 어딘가에 삶의 바퀴를 움직이는 축이 있다. 우리가 알고 있든 그렇지 못하든 삶에는 분명히 축이 있다. 축이 없다면 우리는 존재할 수 없다.

가장 근본적인 사실 하나는 이것이다. 우리는 이미 일치를 이루었다. 이루어져 가는 과정이 아니고 말이다. 인생은 발견이지 성취가 아니다. 우리는 너무나 오랫동안 목적과 목표를 지고 다녔다. 밖에서 맴도는 데에 익숙해져서 속을 들여다볼 수 없게 되었다. 중심을 등진 채 포장지에 지나치게 집착하게 된 셈이다.

약간의 통찰력만 있으면 된다. 통찰력이라는 낱말은 참으로 아름답다. 통찰력은 '안을 들여다본다, 내면을 바라본다, 속을 본다'는 뜻을 가지고 있다. 우리의 두 눈은 밖을 향해 열려 있다. 이제 밖으로 향해 있는 두 눈을 감고 내면을 바라보기 시작한다.

조용히 자리에 앉아 모든 움직임을 멈춘다. 눈을 감고 그저 내면으로 들어가 본다. 내면으로 들어가기 위해 노력할 필요는 없다. 단지 이완을 하면 그뿐이다. 마치 몸이 무기력하게 물속으로 가라앉는 것처럼 말이다. 우리는 이완의 순간에도 무언가를 하려고 든다.

아무런 노력도 하지 않고 이완할 수 있다면, 내면이 표면으로 모습을 드러내게 된다. 구름이 걷히면서 중심이 솟아오르는 것을 볼 수 있다.

삶에는 두 가지 모드가 있다. 하나는 행동 모드이고 다른 하나는 수용 모드이다. 행동 모드는 '나는 행동한다.'로 나타난다. 수용 모드는 '나는 그저 받아들일 뿐이다.'에서 출발한다.

더 많은 돈을 벌고 싶다면 그냥 앉아 있어서는 안 된다. 돈은 그렇게 해서 생기지 않는다. 돈을 위해서 우리는 경쟁하고, 싸움을 벌이며 합법과 불법, 옳고 그른 온갖 수단과 방법을 이용해야만 한다. 돈은 그냥 앉아 있는 사람에게 스스로 걸어오지 않는다.

권력을 얻고 싶다면, 정치가가 되고 싶다면, 그에 알맞은 행동을 취해야 한다. 권력이나 정치력은 제 발로 걸어오지 않는다. 행동 모드는 밖으로 향해 있는 모드이다.

그리고 비행동 모드도 있다. 아무것도 하지 않는다. 단지 모든 일이 스스로 일어나도록 내버려 둔다. 우리는 누구나 비행동 모드를 가지고 태어났지만 성장하면서 이 비행동 모드의 언어를 잊어버렸다. 그리고 이제 잊어버린 그 언어를 다시 배워야 할 때가 되었다.

일치감을 외부에서 구할 필요가 없다. 우리의 내면에 일치감이 이미 존재하고 있다. 단지 그것을 바라보는 방법을 잊어버렸을 뿐이다. 단지 이해하는 방법을 잊어버렸을 뿐이다.

이제 행동 모드에서 수용 모드로, 정적 모드로 옮겨가야 할 때가 되었다. 이 말은 절대 행위의 세계를 등지고 떠나라는 의미가 아니다. 그러면 오히려 한쪽으로 기울어진 삶을 살게 된다. 당신은 이미 한쪽으로 기울어져 균형을 잃어버렸다.

대개 사람들의 삶에는 오직 한 가지 모드, 즉 행동 모드밖에 없다. 이 세상에는 조용히 앉아 있지 못하는 사람들이 아주 많다. 그들은 단 한순간도 이완할 수가 없다. 그들은 오직 행위에만 관심이 있을 뿐, 침묵과 이완을 모른다.

한 가지 행위에서 다른 행위로 옮겨가는 데만 관심이 있는 그들에게 조용히 앉아 지는 해를 바라보는 일이 무슨 의미가 있겠는가?

이제 긴장을 풀 때가 되었다. 잠깐 동안, 단 몇 시간 혹은 며칠만이라도 여태까지와 전적으로 다른 모드로 살아볼 필요가 있다.

아무것도 하지 않은 채, 단지 지는 해만을 바라볼 때가 되었다. 그냥 바라보기만 하면 된다. 우리가 꽃을 바라볼 때 특별히 해야 할 일이 무엇인가? 그냥 바라보면 되는 것이다.

꽃을 바라보는 데 노력이란 무의미하다. 무위를 위한 노력만큼 쓸모없는 일도 없다. 눈을 뜬다. 꽃이 눈앞에 있다. 그 순간 둘 사이에 깊은 교감이 일어나면서 꽃을 보는 사람이 사라져 버린다.

오직 아름다움만이 남아 있을 뿐이다. 오직 기쁨만이 남아 있을 뿐이다. 꽃은 관찰의 대상이 아니다. 관찰에는 일정한 행위가 필요하다. 이제 꽃을 보는 사람과 꽃이 있을 뿐이다. 둘 사이에 놓인 경계가 중첩되면서 꽃이 우리에게로 온다. 우리가 꽃에게로 간다. 그곳에 아름다움이 있다. 진리가 있다. 신이 있다.

드물게 일어나는 이런 순간이 더 자주 삶 속에서 일어나도록 해야 한다. 그렇다고 나는 그런 순간들을 양성하라고 말할 수가 없다. 그런 순간들을 훈련하라거나 무언가 행위를 취하라고 말할 수 없다. 행위 모드의 언어를 다시 사용하게 되면서 자칫 오해를 불러일으킬 수도 있기 때문이다. 나는 그냥 이렇게 말하고 싶다. 그런 순간들이 더 자주 삶에서 일어날 수 있도록 허용하라! 가끔씩 아무것도 하지 말라고 제안하고 싶다.

잔디에 편하게 누워 하늘을 본다거나 두 눈을 감고 내면의 세계를 바라보는 것은 어떤가? 사념이 둥둥 떠가는 모습, 욕망이 일어났다 사라지는 모습을 바라보면 어떤가? 내면에서 쉴 새 없이 진행되는 총천연색 꿈의 세계를 바라보아라. 그냥 보기만 하면 된다.

'이 사념들을 멈추고 싶다.'는 말도 할 필요가 없다. 그 순간 우리는 다시 행동 모드로 옮겨가게 된다. '나는 지금 명상을 하고 있는 중이다. 사념이여, 사라져라! 나에게서 멀어져라.'라고 소리칠 필요도 없다. 그렇게 말하는 것조차 행동 모드의 시작이기 때문이다. 내가 존재하지 않는 것처럼 그저 바라보기만 해라!

티베트의 사원에서 아직까지 행해지고 있는 아주 오래된 고대의 명상법이 있다. 이 명상법은 내가 지금 말하고 있는 진리에 토대를 두고 있다. 이 명상법은 우리가 그냥 사라져 버릴 수 있다고 가르친다.

정원에 자리를 잡고 앉는다. 그리고 점차로 당신이 사라지고 있다고 상상한다. 세상으로부터 사라지기 시작하면서 세상이 어떻게 보이는지 그냥 지켜보면 된다. 더 이상 이곳에 존재하지 않는 그대, 완전히 투명해진 당신에게 세상은 어떤 모습인지 지켜보면 된다.

단 몇 초 동안만이라도 존재하지 않는 연습을 해보아라.

집 안에 앉아서 마치 당신이 존재하지 않는 것처럼 존재해 보아라.

사실 언젠가 당신이 존재하지 않는 날이 온다. 어느 날 당신은 사라지게 된다. 당신은 가버리고 없다. 당신은 죽고 없다. 라디오 방송은 계속되고 부인은 여전히 아침 식사를 준비한다. 아이들은 여전히 학교에 갈 준비를 한다.

생각해 보아라. 오늘, 아니 지금 이 순간 당신은 없다. 당신은 존재하지 않는다. 어디에도 없다. 의자에 앉아서 당신은 사라져 버린다. 그리고 이렇게 생각한다.

'나는 실재하지 않는다. 나는 존재하지 않는다.'

집은 여전히 그 자리에 그대로 있다. 깊은 평화로움과 침묵도 그대로 있다. 모든 것은 그렇게 계속되고 아무것도 바뀌지 않는다.

굳이 이것을 하고 저것을 하느라 분주하게 살 필요가 있는가? 한 가지 행위에서 다른 행위로, 끊임없이 바쁘게 사는 이유가 무엇인가? 우리는 언젠가 사라지고 만다. 우리가 어떤 일을 하고 무슨 행위를 했든 우리는 사라지게 되어 있다. 마치 모래 위에 남긴 이름처럼 바람이 불면 이름은 사라져 버린다. 모든 것이 끝나 버린다. 단 한순간이라도 전혀 존재해 본 적이 없는 것처럼 존재해 보아라.

참으로 아름다운 명상법이다. 하루 24시간 동안 여러 차례 이 명상을 해보아라. 30초 동안만 해도 상관없다. 30초 동안만이라도 모든 것을 정지한다. 당신의 존재조차 정지한다. 세상도 정지한다. 당신이 없이도 세상은 완벽하게 잘 움직인다는 사실을 알게 되면 비로소 오랫동안, 아니 몇 생 동안 외면당해 왔던 존재의 다른 측면에 대해 이해할 수 있게 된다.

그 부분이 바로 수용적인 모드이다. 단지 문의 역할만 하면 된다.

모든 것이 스스로 일어날 수 있도록 내버려 두면 된다. 당신이 없어도 모든 것은 제때에 제 방식대로 일어나게 되어 있다.

붓다는 이렇게 말한다.

"표류하는 나무가 되어라. 물줄기를 따라 흘러가기만 해라! 물줄기가 당신을 이끌도록 내버려 두면 된다. 굳이 아무런 노력도 할 필요가 없다."

이제 붓다가 의미하는 바를 이해하겠는가? 불교의 접근법은 하나같이 수용 모드에 속해 있다. 붓다가 나무 아래 앉아 있는 모습도 그러한 의미를 담고 있다.

붓다를 조각한 모든 조각상은 하나같이 앉아 있는 모습을 표현하고 있다. 아무것도 하지 않은 채 그저 앉아 있는 모습. 단지 그 자리에 앉아서 아무것도 하지 않는다.

예수가 아무것도 하지 않은 채 나무 아래 앉아 있는 모습은 볼 수가 없다. 그는 끊임없이 행동 모드를 좇고 또 좇는다. 기독교가 놓쳐 버린 부분도 바로 이것이다. 기독교는 활동적이다. 기독교 선교사들은 가난한 사람들을 위해 봉사하고, 병원을 찾아다니며 이것저것 하느라 바쁘다. 좋은 일을 하느라 모든 노력을 아끼지 않는다. 말 그대로 좋은 일이다. 하지만 그들은 행동 모드를 벗어나지 못한다. 신을 알고자 한다면 수용 모드에 있어야 한다. 기독교 선교사들은 좋은 사람들이다. 아주 좋은 사람들이다. 하지만 동양적인 관점에서의 성인은 될 수 없다.

요즈음 동양에서도 쉬지 않고 움직이는 사람을 마하트마Mahatma라고 하면서 떠받든다. 그도 그럴 것이 동양은 가난하기 때문이다. 육체적 장애를 가진 수많은 사람들, 눈이 먼 장님들, 제대로 교육을 받지 못한 사람들 등에게는 교육이 필요하다. 의약품이 필요하다. 봉사가 필요하다. 수천 가지가 넘는 이런 저런 도움이 필요하다. 그러다 보니 활동적인 사람이 중요해질 수밖에 없다.

사람들은 간디를 마하트마라고 부른다. 캘커타의 마더 테레사를 아주 중요한 사람이라고 추앙한다. 하지만 아무도 그들이 수용 모드에 도달했는지 어떤지 궁금해 하지 않는다.

붓다가 21세기에 나타난다고 하더라도 아무도 그에게 경외감을 나타내지 않을 것이다. 왜냐하면 붓다는 학교를 세우거나 병원을 운영하는 일 따위는 하지 않을 테니 말이다. 그는 예전처럼 보리수나무 아래 앉아 있을 게 뻔하다. 그저 조용히 그 자리에 앉아 있을 뿐이다.

그렇다고 그가 아무것도 하지 않는 것은 아니다. 그의 존재로 인해 엄청난 진동이 창조된다. 단지 겉으로 보이지 않을 뿐이다. 보리수나무 아래 앉아서 그는 온 세상을 변형시킨다. 그러한 진동을 느끼기 위해서는 먼저 붓다와 화음을 이루어야 한다. 먼저 성장해야만 한다. 붓다를 알아보기 위해서 이미 구도의 길 위에 서 있어야 한다. 마더 테레사를 알아보는 일은 아주 간단하다. 특별할 게 없다. 누구라도 그녀가 좋은 일을 하고 있다는 사실을 알 수 있다. 좋은 일을 하는 것도 중요하지만, 그런 일이 스스로 일어나도록 하는 것은 어떠한가? 내 말은 좋은 일을 하지 말아라는 뜻이 아니다. 단지 좋은 일들이 당신의 좋은 존재에서 비롯되도록 하자는 말이다.

우선 수용 모드에 도달한다. 정적 모드, 비활동적인 모드에 도달한다. 그리고 내면의 존재가 활짝 꽃 피어날 때, 내면에서 일치감이 이루어졌음을 알게 된다. 언제나 그 자리에 있어 왔던 일치감에 대해서 알게 된다. 중심은 언제나 그 자리에 있다. 그 중심을 인지하게 되면 갑자기 죽음조차 당신에게서 사라져 버린다. 갑자기 모든 근심, 걱정이 사라져 버린다. 당신은 더 이상 몸도 아니요, 마음도 아니다.

자비심과 사랑, 그리고 기도의 소리가 내면에서 피어난다. 축복의 소나기가 된 그대, 당신은 곧 세상에 내리는 지복의 소나기가 된다. 이제 누가 그런 사람에게 미래를 논할 수 있겠는가?

그가 가는 곳 어디에서나 예수의 그것과 같은 변혁이 일어날 것이다. 사원에서 고리대금업자들을 쫓아내거나 가난한 사람들을 찾아가 봉사를 할 수도 있다. 아니면 단지 보리수나무 아래 앉아서 그 향기를 퍼뜨릴 수도 있다. 또는 미라Meera처럼 신의 영광에 취해 춤추고 노래를 부를 수도 있다. 그들이 무엇을 할지 아무도 알 수 없다. 그들은 예측을 불허한다.

여기서 내가 하는 일은 그대로 하여금 아무것도 필요치 않다는 사실을 주지시키는 것뿐이다. 그대 안에 모든 것이 이미 존재하고 있다. 단지 거기에 접근할 수 있는 문을 만들면 된다. 발견을 위한 길을 놓으면 된다. 땅을 파내서 그 밑에 묻힌 보물을 꺼내면 된다.

여기서 나는 아주 간단한 테크닉 하나를 제시하고 싶다. 처음에는 어렵게 보일 수도 있지만 자꾸 시도해 보면 쉽게 느껴질 것이다. 물론 시도조차 하지 않고 단지 생각만 한다면 어렵게 보일 수밖에 없다.

테크닉은 이렇다. 당신이 즐길 수 있는 것만을 한다! 즐길 수 없다면 그만둔다! 직접 시도해 보아라. 즐거움은 우리의 중심에서 비롯된다. 어떤 일을 하되 즐길 수 있다면 우리는 즉시 중심과 다시 교류할 수 있게 된다. 하지만 즐길 수 없는 일을 한다면 중심에서 멀어지게 된다. 기쁨은 중심에서 생겨날 뿐, 다른 곳에서 얻어지는 게 아니다. 즐거움을 기준으로 삼아도 좋다. 그 외에 다른 기준은 필요하지 않다.

내가 지금 길을 걷고 있다고 하자. 갑자기 길을 걷는 나 자신이 별 즐거움을 느끼지 못하고 있다는 느낌이 든다. 정지. 그것으로 끝이다.

대학에서 공부하던 시절, 사람들은 내가 미쳤다고 생각했다. 왜냐하면 내가 길을 걷다가 갑자기 멈춰선 채 그 자리에 30분 혹은 한 시간씩 꼼짝도 하지 않고 있었기 때문이다. 다시 걷는 일이 즐겁게 느껴질 때까지 나는 그 자리에 그대로 멈추어 있곤 했다.

교수들은 내가 염려된 나머지 시험 때만 되면 나를 차에 태워서 강의실 문 앞까지 데려다 주고 시험이 끝날 때까지 기다리곤 했다. 책상까지는 무사히 도착했을까 하는 염려 속에서 나를 기다리곤 했다.

나는 목욕을 하다가도 갑자기 목욕이 즐겁지 않으면 그대로 멈추어 버렸다. 즐기지 못할 거라면 굳이 계속해야 할 이유가 무엇인가? 밥을 먹다가도 내가 즐기지 못하고 있다는 느낌이 드는 순간, 그대로 멈추어 버렸다.

고등학교 때 나는 수학 수업에 참여한 적이 있었다. 첫날, 내가 교실에 들어갔을 때 선생님이 학생들에게 수학 과목에 대한 소개를 하고 있었다. 나는 중간에 갑자기 자리에서 일어나 밖으로 걸어 나갔다. 놀란 수학교사가 이렇게 물었다.

"지금 어디를 가려는 거냐? 나에게 허락을 구하지도 않고 말이다. 일단 교실을 벗어나면 다시 돌아올 수 없다."

내가 말했다.

"나는 다시 돌아올 생각이 없습니다. 그러니 아무 걱정 마십시오. 돌아올 생각이 없기 때문에 허락을 구하지 않은 겁니다. 나는 이 수업이 즐겁지 않습니다. 나는 재미있는 과목을 찾을 생각입니다. 왜냐하면 나는 즐겁지 않은 일은 하지 않기 때문입니다. 즐겁지 않은 일을 하는 것은 고문이자 폭력입니다."

시간이 지나면서 이러한 생각이 열쇠가 되어 나는 즐거운 일을 할 때 중심을 찾게 된다는 이해를 얻게 되었다. 즐거움이란 곧 중심이 잡혀 가는 소리와 같다.

즐거움을 느끼지 못한다는 것은 곧 중심에서 멀어진다는 뜻이기도 하다. 그때 굳이 자신을 강요할 까닭이 없다. 그럴 필요가 전혀 없다. 사람들이 당신이 미쳤다고 생각한다면 내버려 두면 그뿐이다. 며칠 지나지 않아서 스스로의 경험에 의해 당신은 여태까지 얼마나 많은 즐거움들을 놓치고 살았는지 알게 될 것이다. 수천 가지가 넘는 일들을 하면서 살아왔지만, 기쁨을 느낀 적이 단 한 번도 없었다. 그렇게 해야 한다고 교육 받았기 때문에 계속해 오고 있는 것이다. 단지 의무를 다하고 있을 뿐이다.

　사람들은 심지어 사랑과 같은 아름다운 느낌조차 파괴해 왔다. 퇴근하여 집에 돌아온 남편이 부인에게 키스를 한다. 그렇게 해야만 하기 때문에, 의무사항 중 하나이기 때문에 키스를 한다. 키스와 같이 아름다운 행위조차, 꽃처럼 아름다운 그것조차 의무로 전락해 버렸다. 매일매일 부인에게 키스를 하겠지만, 남편은 키스의 즐거움을 잊어버린 지 오래되었다. 나 아닌 다른 사람에게 키스를 하는 즐거움을 잊어버렸다.

　사람을 만나 악수를 나눌 때도 아무런 의미도 없고 메시지도 없는, 차갑기 그지없는 두 손이 만날 뿐이다. 두 사람 사이에 흘러야 할 온기조차 느낄 수 없다. 죽은 두 개의 손이 만나 의미 없는 인사를 주고받을 뿐이다. 이미 죽어 버린 몸짓, 차가운 몸짓, 악수를 나누는 두 사람 모두 꽁꽁 얼어붙은 얼음조각이 되어간다. 그렇게 얼어붙은 다음에 이렇게 외친다.

　"어떻게 중심으로 들어갈 수 있습니까?"

　중심은 가슴이 따뜻하고 사랑과 기쁨, 춤과 환희 속에서 우리의 존재가 흘러넘치다 용해될 때 비로소 닿을 수 있다. 모든 것은 각자에게 달려 있다.

　당신이 정말로 하고 싶어 하는 일만 해라! 그리고 즐겁게 그 일을 해라! 즐거움이 없다면 그만두도록 해라! 그리고 즐겁게 할 수 있는 다른 일을 찾도록 해라! 나는 인생에서 단 한 가지의 즐거움조차 없는 사람을 본 적이 없다. 물론 한 가지 일에서 즐거움을 느끼지 못하고, 다른 일에서조차 기쁨을 얻지 못하는 사람들도 곧잘 있다. 하지만 삶은 넓고 광활하다. 막다른 골목에서 발목을 묶고 있을 이유가 없다. 계속해서 흘러가도록 해라! 에너지의 물줄기가 더 강하게 흘러갈 수 있도록 하면 된다. 묶이지 말고 흘러가도록 내버려 두면 된다. 한 물줄기가 다른 물줄기를 만날 수 있도록 허용하기만 하면 된다. 그러다 보면 문제는 1과 2를 어떻게 더하느냐에 있지 않고, 멈춤 없이 흘러가야 한다는 사실을 잊어버린 데 있음을 알게 될 것이다. 그리고 그러한 이해가 생기는 자리에서 1과 2가 스스로 더해진다. 마치 우연한 사고처럼 이런 일치감이 생기기도 하지만 원인은 똑같다.

우리는 때로 남자 혹은 여자와 사랑에 빠진다. 갑자기 그와 하나가 된 것 같은 일치감을 느끼게 된다. 생전 처음으로 하나가 된 느낌을 갖게 된다. 눈이 반짝거리고 얼굴에서 빛이 난다. 더 이상 멍한 느낌을 찾을 수가 없다. 마치 내면에서 불꽃이 활활 타오르는 것 같다. 노래가 흘러나오고 걸음이 춤처럼 가벼워진다. 완전히 다른 사람이 된 것 같다.

하지만 이런 순간들은 드물게 일어난다. 왜냐하면 우리가 비밀을 풀지 못했기 때문이다. 비밀이란 바로 우리가 그 상황, 상태를 즐기기 시작했다는 뜻이다. 즐거움이 바로 비밀의 열쇠이다. 배고픔에 시달리는 화가가 그림을 그릴 때, 허기진 위장에도 불구하고 그의 얼굴에서 우리는 중심을 볼 수 있다. 가난한 시인도 마찬가지다. 그가 시를 노래할 때, 그는 세상에서 가장 부유한 사람이다. 시를 노래하는 시인보다 더 부유한 사람은 없는 것 같다. 그들이 가진 비밀은 무엇인가? 비밀은 그들이 그 순간, 그림을 그리고 시를 노래하는 그 순간을 즐기고 있다는 데 있다. 즐겁게 일을 할 때, 우리는 언제나 우리 자신의 존재와 조화를 이룰 수 있다. 우주와 하나가 될 수 있다. 왜냐하면 우리의 중심이 바로 우주의 중심이기 때문이다.

그러므로 이 사소한 통찰력을 당신의 날씨를 측정하는 도구로 사용해라! 즉 즐길 수 있으면 하되 그렇지 못하면 그만둔다.

신문을 읽고 있는데 중간쯤에 이르자 갑자기 이 일을 즐기고 있지 않음을 알게 된다고 하자. 그때 굳이 신문을 끝까지 읽을 필요가 있겠는가? 지금 이 순간 그만두도록 해라!

누군가와 대화를 나누고 있다고 하자. 문장을 반쯤 말하고 났는데 갑자기 대화에 즐거움이 없음을 알게 된다. 그 자리에서 멈추도록 한다. 즐겁지 않은데 계속해야 할 의무는 없다. 처음에는 이상하게 보일 수도 있지만 크게 문제가 되지는 않는다. 자꾸 연습을 하다 보면 자연스러워진다.

불과 며칠 안 되어서 중심과의 교류가 빈번해지게 되고, 그때 비로소 우리가 찾고 있는 모든 것은 이미 우리 안에 있다고 반복해서 말하는 이유를 이해하게 될 것이다. 나중에, 미래에 그렇게 해보겠다고 생각하지 말고 지금 이 순간 시작해야 한다. 지금이 바로 그때이다.

탄생과 죽음이 하나가 될 때

　내가 머물고 있는 집 바로 옆에 아주 오래된 나무가 빗속에서 춤을 추고 있다. 오래된 잎사귀들이 너무나 아름답게, 너무나 우아하게 떨어지고 있다. 빗속에서 춤을 추는 것은 나무뿐이 아니다. 나무에서 떨어지는 잎사귀들도 함께 어울려 춤을 추고 있다. 빗속에서 축제가 벌어지고 있다.

　인간을 제외하고 존재 세계에서 노화 때문에 고통받는 피조물은 하나도 없다. 존재는 노화에 대해 알지 못한다. 오직 원숙함을 알 뿐이요, 성숙만을 알고 있을 뿐이다. 존재 세계에는 노화를 위한 시간이 따로 없다. 열정적으로, 전체적으로 삶에 몰입하고 춤을 추고 휴식하는 시간만이 있을 뿐이다.

내가 머물고 있는 집 바로 옆, 아몬드 나무에서 떨어지는 잎사귀들은 죽지 않았다. 단지 휴식을 취하고 있을 뿐이다. 그들이 태어났던 흙으로 들어가 하나가 되고 있을 뿐이다.

슬픔도 없고 흐느낌도 없다. 오직 영원한 휴식 위로 가볍게 떨어지는 장엄한 평화로움만이 있을 뿐이다. 언젠가 그들은 다시 돌아올 것이다. 다른 나무 위에서 다른 모양으로 다시 피어나, 춤을 추고 노래를 부르면서 매 순간 기쁘게 살아갈 것이다.

존재 세계는 오직 탄생에서 죽음에 이르는 순환의 법칙, 영원한 순환의 과정만을 알고 있다. 태어난 모든 것은 죽어야 한다. 그리고 죽은 모든 것은 다시 태어나야 한다. 모든 탄생은 죽음으로 이어지고, 모든 죽음은 탄생으로 이어진다. 그러므로 존재 세계는 두려움을 모른다. 인간의 마음을 제외하고 두려움이 존재하는 곳은 없다.

드넓은 우주에서 인간만이 질병을 앓는 피조물이다. 이 질병은 어디에서 기인하는가? 인간은 더 많이 즐거움을 누려야 한다. 더 많이 사랑하고, 더 열심히 매 순간을 살아야 한다. 어린 시절이든 청년기든, 혹은 노년기든 탄생과 죽음이든 상관없다. 우리는 사소한 모든 것들 속에서 즐거움을 누릴 수 있다.

우리는 수없이 생과 사를 거듭했다. 우리가 수없이 생과 사를 거듭하고 있다는 사실을 깨달은 사람은 생과 사의 깊은 이면을 이해할 수 있다. 탄생과 죽음은 매 순간 일어나고 있다. 우리는 매 순간 죽는다.

그리고 매 순간 새롭게 태어난다. 삶과 죽음은 둘이 아니다. 삶과 죽음은 나는 새의 두 날개와 같다. 동시에 존재하는 것이다. 죽음이 없다면 삶도 없다. 삶이 없다면 죽음도 없다. 그 둘은 반대가 아니라 상호 보완적이다. 그 둘은 서로를 필요로 하는 관계에 있다. 상호 의존적이다. 삶과 죽음은 한 우주를 이루는 부분이다.

하지만 인간은 너무나 깊은 잠에 빠져 있기 때문에 이런 간명한 사실을 보지 못한다. 약간의 깨어 있음, 약간의 각성만 있으면 모든 순간을 바꾸어 놓을 수 있는데도 말이다. 변화란 오래된 것이 죽고 새로운 것이 태어나는 것이다. 의식이 깨어날 때 탄생과 죽음은 하나가 된다. 어린 시절의 순수가 노년의 순수와 하나가 된다.

어린아이의 순수는 빈곤하다. 어린아이의 순수와 무지는 같은 말이기 때문이다. 나이 든 사람, 완숙미를 갖춘 사람, 어둠과 빛의 모든 경험을 한 사람, 사랑과 증오 그리고 기쁨과 불행을 경험한 사람, 삶이 주는 여러 상황을 통해 성숙해진 사람은 더 이상 어떤 경험도 필요 없는 지점에 도달한 사람이다.

그런 사람은 불행이 다가와도 지켜보고 행복이 다가와도 지켜본다. 그는 정상에 서서 지켜본다. 모든 것이 어두운 골짜기를 지나쳐 가지만 그는 산 정상 위에 서서, 깊은 침묵 속에서 단지 지켜볼 뿐이다.

나이 든 사람의 순수는 풍요롭다. 그가 겪은 경험과 실패, 그리고 성공이 그의 순수를 풍요롭게 만든다. 그의 순수는 옳은 행위와 그른 행위를 모두 겪었기 때문에 풍요롭다. 인생의 실패와 성공을 모두 겪었기 때문에 풍요롭다. 내면과 외면, 안과 밖 어디를 보더라도 그의 순수는 풍요롭기만 하다. 그의 순수는 무지와 동의어라고 하기보다는 지혜와 동의어라고 할 수 있다.

어린아이와 노인, 둘 다 순수하다. 하지만 그 둘의 순수는 질적인 면에서 상당히 다르다. 어린아이는 아직 영혼의 어두운 밤 속으로 들어가지 않았다. 그래서 순수하다. 노인은 이미 어두운 밤의 터널을 벗어났다. 그래서 순수하다.

한 사람은 터널을 향해 들어가고 있고, 한 사람은 터널 밖으로 나오고 있다. 한 사람은 고통을 향해 가고 있고, 한 사람은 이미 충분한 고통을 겪었다. 한 사람은 그 앞에 펼쳐진 지옥을 피할 수 없고, 한 사람은 지옥을 벗어났다.

우리가 알고 있든 그렇지 못하든 인간의 가슴에는 두려움이 있다. 우리는 노년을 향해 가고 있으며 노년은 죽음을 향해 간다. 우리는 수백 년에 걸쳐 무의식 깊은 곳에 뿌리내린 사고방식으로 인해 죽음을 두려워했다. 마치 죽음에 대한 두려움이 핏속까지, 뼛속까지, 골수까지 각인되어 있는 것 같다.

죽음이라는 말만 들어도 우리는 두려움에 떨기 시작한다. 죽음이 무엇인지 알지 못한 채, 단지 수천 년 동안 각인된 생각-죽음은 인생의 끝이다-때문에 공포에 떤다.

우리는 죽음이 끝이 아니라는 사실을 알아야 한다. 존재 세계에는 시작도 없고 끝도 없다. 주변을 둘러보아라. 저녁은 끝이 아니다. 아침이 시작이 아닌 것처럼 말이다. 아침은 저녁을 향해 나아가고 저녁은 아침을 향해 나아간다. 이렇게 모든 것은 끊임없이 돌고 돈다. 그러므로 삶에는 시작도 없고 끝도 없다.

자연의 법칙이 그러한데 인간이라고 해서 굳이 예외가 될 까닭이 무엇인가? 인간은 예외가 아니다. 인간만이 예외라는 생각, 다른 동물이나 식물 혹은 새들보다 특별한 존재라는 생각이 인간 스스로를 지옥에 빠뜨리고 있다. 스스로 만든 지옥에서 옴짝달싹 못하게 만들고 있다. 그리고 인간만이 예외라는 생각이 우리와 존재 세계 사이에 거리감을 만들었다. 이 거리감이 두려움과 불행을 만들어낸다. 이 거리감이 불필요한 괴로움과 근심을 만들어낸다.

소위 종교나 정치, 혹은 사회의 지도자라고 하는 사람들이 그런 거리감을 더욱 크게 벌려 놓는 데 공헌했다. 거리감을 좁히기 위해 노력한 사람은 하나도 없었다. 인간을 지옥에서 땅으로 불러오기 위해, 동물과 새, 나무와 더불어 공존할 수 있도록 하기 위해, 존재 세계와 다시금 하나 될 수 있기 위해 노력한 사람은 한 명도 없었다.

존재 세계에는 시작도 없고 끝도 없다. 이 진리를 이해하면 노화에 대한 걱정은 물론 죽음에 대한 염려도 사라진다. 주변을 둘러보아라. 모든 것은 그 자리에 그렇게 있어 왔다. 시작도 없고 끝도 없다. 언제나 그 자리에 그렇게 남아 있을 것이다.

하지만 우리는 노화를 생각할 때면 굉장한 근심, 걱정에 빠진다. 노화는 우리의 인생이 이제 끝났다는 의미로 들린다. 사랑도 끝나고, 기쁨도 끝나고 이름만 있을 뿐 모든 게 끝나 버렸다. 기쁨이라곤 하나도 없이 다리를 질질 끌며 무덤으로 가는 일만 남은 것 같다. 매 순간 무덤을 향해 한 걸음씩 옮겨가는 사람들의 대열에 서서 차례를 기다리고 있는데, 대체 어디서 기쁨을 찾는단 말인가?

지구상에 존재하는 모든 문화와 문명이 뜻있고 창조적인 말년을 보낼 수 있는 시스템을 만들지 못한 것은 인류가 범한 가장 큰 실패라고 할 수 있다. 사람이 늙으면 아름답고 우아한 삶을 모른 채 죽음을 기다려야 한다는 것은 참으로 안타까운 일이다.

죽음에 대한 두려움이 크면 클수록 문제는 더욱 복잡해진다. 왜냐하면 죽음을 두려워하면 할수록 삶도 두려워하게 되기 때문이다. 한 순간 한순간 죽음이 한 걸음씩 가까이 다가온다.

그러므로 죽음을 두려워하는 사람은 다른 사람과 사랑에 빠질 수 없다. 왜냐하면 그에게 있어 삶은 죽음으로 이끄는 장의사이기 때문이다. 그러니 어떻게 삶을 사랑할 수 있겠는가?

모든 종교가 삶을 포기하라고 가르친 이유가 바로 여기 있다. '삶을 포기해라! 그러면 죽음도 포기할 수 있다.'라고 그들은 가르친다. 하지만 삶을 제대로 살지 않은 사람, 삶과 사랑 그리고 춤과 노래를 이미 멈춰 버린 사람은 굳이 죽음을 두려워할 필요가 없다. 왜냐하면 그는 이미 죽은 것이나 마찬가지이기 때문이다.

우리는 살아 있으나 살아 있지 않은 사람들을 성자라고 불렀다. 그리고 그들을 숭배했다. 우리도 그들처럼 될 수 있다는 생각에 그들을 숭배했다. 사실 그럴만한 용기도 없으면서 그들을 숭배했다. 숭배할 정도의 용기는 남아 있었던 것이다.

"우리에게 용기가 있다면, 혹은 어느 날 용기를 낼 수 있다면 우리도 당신처럼 살고 싶습니다. 살아 있으나 완전히 죽어 있는 삶을 살고 싶습니다."

성자들은 죽을 수가 없다. 왜냐하면 그들은 이미 죽어 버렸기 때문이다. 그들은 모든 기쁨과 즐거움을 포기해 버렸다. 삶이 주는 모든 기쁨을 거부해 버렸다. 존재 세계에게 티켓을 반납해 버렸다. '나는 더 이상 쇼의 일원이 아닙니다.'라는 사퇴 의사와 함께 두 눈을 질끈 감아 버렸다.

언젠가 소위 성자라고 하는 사람이 나를 방문한 적이 있었다. 나는 그를 정원으로 데리고 갔다. 정원에는 아름다운 달리아꽃이 만발해 있었다. 나는 그에게 아침 햇살 속에서 만발한 아름다운 꽃들을 보여 주었다. 그러자 그는 아주 이상하다는 듯한 눈빛으로 나를 쳐다보았다. 기분이 언짢고 짜증이 난 것처럼 보였다. 그는 결국 나를 비난하고 싶은 유혹을 저버리지 못하고 이렇게 말했다.

"나는 당신이 아주 종교적인 사람이라고 생각했었는데 당신은 여전히 꽃의 아름다움 따위를 즐기고 있단 말입니까?"

그의 말도 일리가 있었다. 꽃의 아름다움을 즐기는 사람이라면 인간적인 것의 아름다움을 즐기지 못할 이유가 없지 않은가? 여자의 아름다움을 외면하지 못할 게 아닌가? 음악과 춤의 아름다움도 외면하지 못할 게 아닌가? 꽃의 아름다움에 관심을 가진 사람이라면 사랑을 저버리지 못할 게 아닌가? 아름다움을 즐기는 사람이 어떻게 사랑을 외면할 수 있겠는가?

아름다움은 사랑을 불러온다. 사랑은 아름다움의 한 부분이기 때문이다.

내가 그에게 말했다.

"한쪽 측면에서 보면 당신 말이 맞습니다. 하지만 다른 측면에서 보면, 당신 말은 옳지 않습니다. 내가 종교적인 사람이라고 누가 말하던가요? 나는 이미 죽어 버린 사람이 아니오! 종교적인 사람이 되려면 죽은 것같이 살아야 합니다. 하지만 나와 같이 살아 있는 사람에게 당신 말은 곧 위선자가 되라는 뜻 아닙니까? 당신 말을 따른다면 살아 있는 사람은 절대 종교적일 수 없습니다."

날개를 활짝 펴고 날아가는 새를 볼 때, 새의 자유를 느끼지 않는다는 것은 불가능하다. 석양에 노을이 물들어 갈 때, 아무리 눈을 감고 있으려고 노력한들 당신의 눈은 노을에 대한 관심을 버릴 수가 없다. 눈을 감고 있어도 이미 당신은 노을의 아름다움에 취해 버렸기 때문이다.

삶은 사랑의 또 다른 이름이다. 사랑은 아름다움을 즐기는 것이다.

나는 소위 성자라고 하는 그에게 이렇게 말했다.

"나는 종교를 포기할 수는 있어도 삶을 포기할 수는 없소이다. 왜냐하면 삶은 존재 세계가 나에게 부여한 것이기 때문이오. 종교는 인간에게서 기쁨과 위엄, 그리고 인간미를 빼앗으려는 사제나 정치인들이 인위적으로 만든 것이기 때문이오."

그런 의미에서 보면 나는 종교적인 사람이 아니다. 나는 종교에 대해 전혀 다른 개념을 가지고 있다. 나에게 있어 종교적인 사람이란 생생하게 살아 있고, 열정적으로 살고 있으며, 온통 사랑과 아름다움의 불꽃으로 가득한 사람이다. 종교적인 사람이란 매 순간 삶과 죽음을 함께 즐기는 사람이다. 삶과 죽음을 동시에 즐길 수 있는 사람, 그것이 삶이든 죽음이든 그 노래가 계속 울려 퍼지는 사람, 그 춤이 멈추지 않고 계속되는 사람이 바로 종교적인 사람이다.

그런 모험심에 찬 영혼만이 종교적이다. 존재의 순례를 떠날 수 있는 사람만이 종교적이다.

하지만 종교라는 미명 아래 사제와 정치가들은 사람들에게 빈곤하고 무의미한 개념을 강요했다. 동상을 숭배하고, 인간이 만든 만트라를 영창하며, 죽음에 대한 두려움 때문에 삶을 살지 못한 겁쟁이와 도피자들을 성자라고 부르면서 헌신하라고 강요했다. 그들이 만든 종교는 인간을 종교성으로부터 멀어지게 했다.

노화에 대해 염려할 필요가 없다. 사람들이 당신을 늙은이 취급한다면 그 역시 좋은 일이다. 그런 취급은 당신의 삶이 진정으로 원숙해졌다는 의미이기 때문이다.

삶이 주는 모든 것을 산 당신은 이제 원숙해졌다. 아무것도 포기하지 않은 채 모든 경험의 터널을 뚫고 지나왔다. 당신은 이미 원숙해졌기 때문에 더 이상 그런 경험을 반복할 필요가 없다. 삶의 초월이란 바로 이런 것이다.

그러므로 우리는 삶을 즐겨야 한다. 나는 세상 사람들 모두가 기쁨이 곧 우리의 천권이라는 사실을 이해하기를 바란다. 더불어 깊은 경외감을 가지고 노화를 받아들이고, 노화 뒤에 따라오는 죽음을 받아들이기를 원한다.

노화를 받아들이지 못하는 사람은 죽음을 웃어넘길 수 없다. 웃음을 뒤에 남겨둔 채 영겁의 시간 속으로 사라질 수 없다면, 그 삶은 제대로 살아온 삶이 아니다. 잘못된 사람들에 의해 잘못된 지배를 당하면서 낭비해 온 삶일 뿐이다. 성직자들, 메시아들, 구세주들. 그들이 신의 환생인지는 모르겠지만, 그들이 당신에게서 삶을 빼앗고 당신의 가슴을 두려움으로 채워 놓았다면 그들은 범죄자들이다.

나는 당신의 가슴을 웃음으로 가득 채워 놓기 위해 노력하고 있다. 그대 존재의 모든 세포들이 어떤 상황에서나 춤출 수 있도록 만드는 것. 밤이든 낮이든 상관없이, 기분이 우울하든 상기되든 상관없이 말이다.

어떤 상황에서도 항상 환기가 밑바탕에 흐르게 해라! 그것이 진정한 종교다.

당신을 위한 몇 가지 수트라를 적어 보았다.

늙은이란 꿈속에서 나타나는 젊은 여자들을 좀 더 자세히 보기 위해 잠자리에서도 돋보기를 쓰는 사람을 말한다.

늙은이란 파티장에서 젊은 여자들을 희롱하다가 부인에 의해 집으로 끌려가는 사람을 말한다.

늙은이의 좋은 점은 너무 늙어서 남들에게 나쁜 표본이 될 수 없기 때문에, 충고를 할 수 있다는 점이다.

여자들은 아주 단순한 것들을 좋아한다. 예를 들어 늙은 남자, 일단 여자들이 당신을 좋아하기 시작했다면 이 말은 곧 '당신의 인생은 끝났다.'라는 뜻이다. 그들은 더 이상 당신을 두려워하지 않는다. 당신은 그들에게 대환영을 받는다.

모든 늙은이의 가슴에는 '이게 무슨 일인가?'하고 의아해 하는 젊은이가 있다.

게임을 그만두다

　명상이 시작될 때 비로소 우리는 성숙해질 수 있다. 그렇지 않으면 유치함을 벗어날 수 없다. 장난감을 계속해서 바꿀 수는 있지만-어린아이들은 작은 장난감을 가지고 놀고, 나이 든 아이들은 큰 장난감을 가지고 논다-질적인 면에서 보면 별 차이가 없다.

　주변을 잘 살펴보아라. 자녀가 있다면 그들을 한번 지켜보아라. 당신이 탁자 옆에 있는 의자에 앉아 있으면 아이는 탁자 위로 올라서서 이렇게 말할 것이다.

　"아빠, 봐요. 내가 아빠보다 더 커요!"

　탁자 위, 높은 곳에 서서 이렇게 외치는 아이를 보면서 당신은 피식

웃고 만다. 하지만 당신은 어떤가? 돈이 많이 생겼을 때, 당신의 걸음걸이가 어떤지 지켜본 적이 있는가? 평상시와 다른 모습으로 걸으면서 주변의 이웃들에게 이렇게 외친다.

"보세요. 내가 당신들보다 더 크지요?"

혹은 한 나라의 대통령이나 수상이 되었다고 생각해 보자. 걸음걸이부터 달라진다. 거드름을 잔뜩 피우면서 모든 사람들에게 이렇게 말한다.

"내가 너희들 모두를 물리쳤다. 나는 이제 가장 큰 의자에 앉아 있다."

어린아이가 벌이는 게임과 똑같다! 어린 시절부터 노년에 이르기까지 당신은 똑같은 게임을 하고 있다! 혼자서 벌이는 게임이든 증권 시장에서 벌이는 게임이든, 크기만 다를 뿐 똑같은 게임이다. 이런 유치함의 뿌리를 이해해라!

어린아이는 달에 가고 싶다. 커다란 과학자도 달에 가려고 안간힘을 쓴다. 그리고 둘 다 달에 도착한다. 둘 사이에서 별다른 차이점을 볼 수 없다.

별에 도착한다고 해도 여전히 마음은 유치한 상태를 벗어나지 못한다. 달에 도착했다고 하자. 거기서 무엇을 할 것인가? 당신은 달에 가기 전이나 후에도 똑같은 사람일 뿐이다. 여전히 머릿속은 쓰레기로 가득하고, 가슴은 신성한 인분을 잔뜩 담고 있다. 그 머리와 가슴으로 달 위에 서 있다. 아무런 차이가 없다!

당신은 가난한 사람일 수도 있고 부유한 사람일 수도 있다. 평범한 사람일 수도 있고 굉장히 유명한 사람일 수도 있다. 하지만 아무런 차이가 없다! 마음이 방향을 바꿔 내면을 향하기 전까지, 마음이 새로운 차원으로 옮겨가 명상이 일어나기 전까지 무엇을 하든, 어디를 가든 당신은 똑같은 사람이다.

명상은 마음을 본래의 근원으로 돌려 보낸다.

명상은 우리를 성숙하게 만든다. 명상은 우리를 성장시킨다. 나이가 들어가는 성장은 진정한 성장이 아니다.

여든 살이 되었는데도 여전히 추악한 정치 게임을 하는 유치한 사람들은 아직 성숙하지 못한 사람들이다. 여든두 살, 여든세 살, 여든네 살! 그들은 너무 깊은 잠에 빠져 있다. 그들은 도대체 언제쯤 잠에서 깨어나려고 하는가? 언제나 내면세계에 대한 생각을 하게 될 것인가?

죽음은 우리가 쌓아 온 모든 것을 가져가 버린다. 우리가 축적해 온 권력과 돈, 명예 등 아무것도 남기지 않고, 발자국조차 남기지 않고 송두리째 가져가 버린다. 죽음은 우리가 만들어 놓은 모든 것을 파괴해 버린다. 죽음은 우리가 쌓은 성이 사실은 모래성임을 입증해 준다.

성숙은 우리 안에 있는 그것, 죽지 않는 그것에 대한 앎이다. 죽음조차 초월하는 그것, 바로 명상에 대한 앎이다. 마음은 세상을 알며 명상은 신을 안다. 마음은 대상을 이해하기 위한 방법이요, 명상은 주체를 이해하기 위한 방법이다. 마음은 내용물에 관심을 두고, 명상은 그것을 담은 그릇, 즉 깨어 있는 의식에 관심을 둔다. 마음은 구름에 집착하고 명상은 하늘을 추구한다. 구름은 왔다가 가지만 하늘은 항상 그 자리에 머물러 있다.

　내면의 하늘을 탐구하도록 해라! 내면의 하늘을 발견한 사람은 절대 죽지 않는다. 몸은 죽을 수 있으나, 마음도 죽을 수 있으나 우리는 절대 죽지 않는다. 내면의 하늘에 대한 앎이 곧 삶에 대한 앎이다. 우리가 삶이라고 부르는 것은 진정한 삶이 아니다. 조만간 죽어갈 삶은 진정한 삶일 수가 없다. 오직 명상하는 사람만이 삶이 무엇인지 알 수 있다. 왜냐하면 그는 영원한 근원에 도달했기 때문이다.

퍼즐

지금 이 순간부터 그대 자신의 인생을 살아라. 아무도 가르쳐 준 적 없는 생소하고 신선한 삶을 말이다. 인생의 A, B, C부터 시작해라! 그러면 조만간 당신의 삶이 성숙해질 것이다.

정당방위

저는 쉰 살입니다.
하지만 진정으로 성숙하거나 성장했는지 모르겠습니다.
무엇이 문제라고 생각하십니까?

아무래도 당신은 누구를 죽여본 적이 없는 것 같다. 성숙하고 싶다면 누구나 탁월한 살인자가 되어야 한다. 몇 사람을 죽이지 않고서는 절대 성숙해질 수 없다.

당신은 부모와 선생들, 그리고 지도자들을 죽여야 한다. 당신의 내면에서 끊임없이 아우성치는 사람들, 그대로 하여금 어른이 되지 못하게 막는 사람들, 당신을 유치하게 만드는 사람들, 당신을 항상 의존하게 만들고 독립적인 개체로 서지 못하도록 막는 사람들. 그들을 모두 죽여야 한다.

이런 일이 있었다. 한 승려가 붓다의 메시지를 전하기 위해 붓다를 막 떠나려 하고 있었다. 그가 붓다의 발을 만지자 붓다가 그를 축복해 주면서 다른 제자들을 향해 이렇게 말했다.

"지복을 얻은 이 비구를 보고 있는가? 그는 자신의 어머니를 살해했다. 그리고 자신의 아버지도 살해했다. 친척들과 그 나라의 왕까지 살해했다."

그 자리에 있던 제자들은 놀라움을 금치 못했다. 그들은 자신들의 귀를 의심했다.

"대체 스승은 무슨 말을 하고 있는가?"

한 제자가 용기를 내어 붓다에게 물었다.

"깨달음을 얻은 분이시여, 그게 무슨 말입니까? 그를 지복을 얻은 자라고 부르시다니, 그 말은 곧 살인자에게도 덕행이 있다는 뜻입니까?"

붓다는 웃음을 터뜨리면서 이렇게 대답했다.

"그뿐만 아니라 그는 자신조차 살해했다. 그는 자살했다."

말을 끝내자마자 붓다는 가타Gatha를 읊기 시작했다. 노래 속에 그가 의미하는 바가 모두 들어 있었다.

모든 사람은 어린 시절을 거치게 되어 있다. 우리는 어린 시절에 세상에 첫발을 내딛는다. 그리고 몇 년 동안 어른들의 교육을 받으면서 어린아이로 훈련을 받는다. 그리고 평생 어린아이 상태로 남아 있게 된다.

어린아이는 어른들이 하는 모든 명령에 대해 절대적인 복종을 강요받는다. 언제나 아버지와 같은 큰 사람에게 의존할 수밖에 없기 때문에, 해야 할 것과 하지 말아야 할 것에 대한 명령을 받을 수밖에 없다. 어른이 된 이후에도 무엇을 해야 하고, 무엇을 하면 안 되는지 알려 주는 사람을 찾아다닌다.

성숙은 다른 사람의 의견에 속지 않고 스스로 결정을 내릴 수 있는 이해력을 의미한다. 스스로 두 발로 설 수 있는 힘, 그것이 바로 성숙이다. 하지만 그렇게 성숙한 사람은 드물다. 부모들이 자녀들을 하나같이 망쳐 놓았기 때문이다. 유치원, 학교, 대학 등 다들 우리들을 망쳐 놓을 준비를 하고 있다. 그래서 성숙한 사람이 아주 드물게 되었다.

사회는 성숙한 사람을 환영하지 않는다. 성숙한 사람은 위험하다. 왜냐하면 그는 자신의 존재로 당당하게 살기 때문이다. 그는 자신의 결정에 따라 행동한다. 다른 사람의 의견에 흔들리지 않는다. 다른 사람의 의견을 따라가지도 않는다.

또한 성숙한 사람은 체면이나 위신을 동경하지도 않는다. 존경받고 싶어 하지도 않는다. 오직 자신의 삶을 살아갈 뿐. 어떤 값을 치르더라도 자신의 삶을 내놓고 타협하지 않는다. 모든 것을 희생할 준비가 되어 있지만, 절대 자신의 자유를 희생할 생각은 없다.

당연히 사회는 이런 사람을 두려워할 수밖에 없다. 사회는 모든 사람들이 유치한 어린아이로 남아 있기를 원한다. 겨우 일곱 살이나 열네 살 정도의 어린아이로 남아 있기를 원한다. 그리고 대부분의 사람들은 그 연령대를 벗어나지 못하고 생을 마감한다.

1차 대전 당시 심리학자들은 아주 이상한 현상을 발견하였다. 최초로 군대 내에서 군인들의 정신연령을 측정하는 연구가 대대적으로 행해졌다. 결과는 이상하기 그지없었다. 군대에 종사하는 사람들의 평균 정신연령이 겨우 열두 살에 불과했던 것이다. 몸은 쉰 살인데 마음은 열네 살도 되지 못한 셈이다.

열네 살 이전의 아이들은 부모로부터 억압을 당한다. 열네 살이 넘으면 더 이상 아이들을 억압하기가 어려워진다. 열네 살 이전에 억압하지 않으면 이후에 억압하기가 불가능해지는 것이다. 섹스에 호감을 갖게 되면서 육체적인 힘도 커지기 때문이다.

열네 살 이전의 아이들은 약하고 부드럽고 여성적인 면이 더 강하다. 그 나이의 아이들에게는 어떤 제안을 해도 그대로 수용할 정도로 말이다. 심지어 최면을 걸 수도 있다. 무슨 말을 하든 그들은 그 말을 그대로 믿고 따르게 되어 있다.

열네 살이 넘으면 마음에서 의심이 생기기 시작한다. 섹스에 대한 열망과 함께 그들은 독립적인 개인이 된다. 육체적으로 아버지가 되고 어머니가 될 수 있는 나이의 그들, 자연은 그들을 독립적인 존재로 탈바꿈시켜 놓는다. 이러한 사실은 심리학자들이 연구하기 전부터 이미 성직자들이 발견했다. 몇 천 년 동안의 관찰을 통해 그들은 아이를 억압하려면, 아이를 의존적으로 만들려면 가능한 한 어린 나이에 하는 게 낫다는 결론을 얻어냈다. 열네 살 이전에 억압하지 않으면 가능성이 희박해진다는 사실을 그들은 이미 오래전에 발견한 것이다.

세상 사람들이 어린아이들의 교육에 관심을 보이는 이유는 바로 여기에 있다. 모든 종교는 어린아이에게 종교적인 교육을 해야 한다고 주장한다. 이유가 무엇인가? 간단하다. 아이들이 독립적인 개체가 되기 전에 그들의 마음을 훈련시켜야 하기 때문이다.

그러므로 진정으로 자유롭고 싶어 하는 사람, 깨어 있는 의식으로 살고 싶어 하는 사람, 최면 상태에서 깨어나고 싶어 하는 사람, 어떤 종류의 한계도 가지고 싶지 않은 사람, 흐름과 함께 전체적으로 가고 싶어 하는 사람이 해야 할 가장 큰 작업은 바로 내면에 쌓여 있는 많은 쓰레기들을 버리는 것이다.

붓다가 부모를 죽여야 한다고 말했다고 해서 진짜로 그들을 살해하라는 뜻은 아니다. 당신이 지고 다니는 부모에 대한 생각, 그것을 살해하라는 뜻이다.

잘 지켜보면 내 말을 이해할 수 있을 것이다. 무슨 일을 하다가 갑자기 어머니의 목소리를 듣게 될 때가 있다.

"안 돼! 하지 마!"

순간 우리를 멈추게 하는 어머니의 목소리를 들을 수 있다. 마치 녹음테이프가 우리의 내면에서 돌아가고 있는 것처럼 말이다.

아이스크림을 잔뜩 먹고 있을 때 갑자기 내면에서 이런 소리가 들린다.

"너무 많이 먹지 마라! 그 정도면 충분해. 그만 먹어!"

그리고 이 목소리를 듣는 순간부터 우리는 죄책감에 시달린다.

여자 혹은 남자와 섹스를 하려고 할 때, 갑자기 일렬로 줄을 지어 선 선생님들의 목소리가 들려온다.

"너는 지금 나쁜 짓을 하려고 하는구나. 죄를 지으려 한다고. 정신 차려! 그러면 안 돼. 너무 늦기 전에 그만둬."

심지어 부인과 혹은 남편과 섹스를 할 때조차 부모나 선생들이 그 사이에 끼어들어서 방해를 한다.

전적으로 사랑에 몰입하는 사람을 찾기가 어렵다. 우리는 너무 오랫동안 사랑은 나쁜 것이라는 교육을 받아왔기 때문이다. 한순간에 그러한 부정적인 생각을 떨쳐 버리기가 쉽지 않다. 그 모든 목소리들을 살해할 만한 능력이 없다면 말이다.

그 모든 목소리들을 떨쳐 버리기 위해서는 굉장한 용기가 필요하다. 지도조차 없는 자신의 목소리로 들어갈 준비가 되어야 한다. 위험을 무릅쓰고 말이다.

알렉산더 엘리엇 Alexander Eliot이라는 사람이 선사의 수하에서 수행을 하고 있었다. 몇 달 동안 그는 명상을 하고 좌선을 하며 자신의 존재라고 하는 물속으로 깊이 침잠해 들어갔다.

그러던 어느 날 밤, 그는 아주 이상한 꿈을 꾸게 되었다. 선을 공부하는 사람들은 이런 꿈에 대해 잘 알고 있다. 하지만 서양 사람인 엘리엇에게는 충격적인 꿈이 아닐 수 없었다. 그의 꿈은 이런 내용이었다.

"최근 꿈속에 보디달마가 나타났습니다. 그는 어중이떠중이 같은 모습을 하고 있었습니다. 둥근 얼굴에 귀신 같은 모습. 툭 튀어나온 눈에 뭉텅이로 잡힌 눈썹을 하고 있었습니다."

나처럼 보디달마는 아주 위험한 사람이다. 선을 공부하는 사람들은 그의 얼굴을 아주 험상궂게 그린다.

하지만 실제의 보디달마는 그렇지 않았다. 외관상으로 그는 굉장히 아름다운 사람이었다. 하지만 그림 속의 보디달마를 보면 누구라도 단박에 겁을 먹을 정도로 무섭게 생겼다. 마치 그의 눈을 들여다보는 사람을 당장 잡아먹을 듯한 모습을 하고 있다. 그것이 바로 모든 스승이 하는 일이다. 심지어 꿈속에서조차 스승은 당신을 죽이려 든다. 알렉산더 엘리엇은 겁에 질려 덜덜 떨기 시작했다.

"그가 인상을 찌푸리면서 헤죽헤죽 웃더냐?"

누군가 엘리엇에게 물었다. 보디달마의 조잡하고 억세 보이는 구레나룻을 떠올리자 엘리엇은 그만 아무 말도 할 수 없었다.

"너는 이미 다 큰 어른처럼 보이는구나."

보디달마가 수염 사이로 속삭였다.

"하지만 너는 아무도 죽여본 적이 없는 것 같구나. 다 큰 어른이 어떻게 그럴 수가 있지?"

엘리엇은 충격에 빠져 잠에서 깼다. 온몸이 떨리고 식은땀이 줄줄

흘렸다.

"저 이상한 사람이 도대체 무슨 말을 하는 거지? 너는 아무도 죽여 본 적이 없는 것 같다니?"

내 말이 바로 그 뜻이다. 아직도 어른이 된 것 같지 않다는 말은 곧 당신이 아무도 죽여본 적이 없다는 뜻이다.

50년이라는 기나긴 시간을 낭비했으니 이제 더 이상 낭비할 시간이 없다. 지금 당장 그대 안에 있는 모든 기억들을 죽여라. 낡고 오래된 녹음테이프들을 지워 없애고, 마음의 테이프들을 다시 풀어 놓아라.

그리고 지금 이 순간부터 그대 자신의 인생을 살아라. 아무도 가르쳐 준 적 없는 생소하고 신선한 삶을 말이다. 인생의 A, B, C부터 시작해라! 그러면 조만간 당신의 삶이 성숙해질 것이다.

성숙함이 없는 삶은 아무런 가치가 없다. 마음이 성숙할 때 아름다운 일이 일어나게 되어 있다. 성숙한 어른이 된다는 것은 굉장한 축복이다. 하지만 사람들은 단지 나이를 먹어갈 뿐, 성숙해지지 못한다. 나이만 늘어가는 가운데 의식은 줄어들고 있다. 의식은 태아 상태를 벗어나지 못하고 있다. 자궁을 벗어나지 못한 채 아직 태어날 생각조차 못하고 있다. 몸이 태어났을 뿐, 의식은 여전히 자궁 속에 갇혀 있다.

당신의 삶을 다른 사람의 손에서 가져와야 한다. 당신의 인생은 그대 자신의 것이다. 우리는 다른 사람의 기대를 충족시켜 주기 위해서 살고 있는 게 아니다. 어머니의 인생을 살려고 들지 마라. 아버지의 인생을 살려고 들지 마라. 그대 자신의 인생을 살아야 한다.

어떤 태도도 취하지 않는 인생

당신은 어느 날은 성숙을 강조하다 어느 날은 어린아이가 되라고 강조합니다. 제가 성숙한 태도를 취하려고 하면, 내면의 어린아이가 억압을 당하고 자기표현에 굶주려 하는 것 같은 느낌이 듭니다.
내면의 어린아이가 춤추고 노래할 수 있도록 내버려 두면 제 자신이 유치해지는 느낌입니다. 어떻게 하면 좋겠습니까?

성숙한 사람이란 성숙한 태도를 취하는 사람을 의미하지 않는다. 오히려 성숙한 태도를 취한다는 것은 성숙에 커다란 장애가 될 수도 있다.

'취한다'라는 말은 절로 일어났다기보다 인위적으로 실습하고 강요한 느낌이 든다. 일종의 마스크처럼, 혹은 진짜 얼굴 위에 그려진 그림처럼 당신의 진짜 존재가 아닌 거짓 얼굴을 의미한다.

모든 사람들이 사실상 마스크를 쓰고 얼굴에 그림을 그리고 있다. 겉으로 보기에는 성숙하지만 실제로 깊이 들어가 보면 그들은 굉장히 미숙하다. 성숙한 태도를 취하고 있을 뿐, 내면은 여전히 유치함을 벗어나지 못하고 있다. 얄팍한 성숙함의 껍질을 쓰고 있을 뿐이다.

살짝 긁기만 해도 그들의 유치함이 순식간에 드러난다. 보통 사람들은 물론, 소위 성자라고 하는 사람들도 마찬가지다. 정치가와 사회 지도자들, 특히 국회를 보면 그야말로 미숙하고 유치한 사람들의 집합소 같다는 느낌이 든다.

우리는 자신은 물론 타인을 계속 속이고 있다. 당신은 성숙한 태도를 취하나 그것은 거짓이다. 나는 당신에게 무엇을 취하라고 말한 적이 없다. 단지 존재하면 그것으로 좋다. 하지만 인위적으로 무언가를 취하면 더 큰 장애가 생긴다.

그냥 존재하기 위한 유일한 방법은 처음부터 시작하는 것이다. 부모는 어린 자녀를 인위적으로 변화시키려고 노력할 뿐, 단 한 번도 그들을 있는 그대로 받아들이지 않는다. 그러다 보니 몸은 어른이 되었지만 우리는 여전히 어린 시절에 머물러 있다.

보통 사람들의 정신연령은 열 살에서 열세 살 사이에 머물러 있다. 열네 살도 못 되었다는 말이다! 일흔 살, 여든 살 노인들의 정신연령도 열네 살 이전에서 맴돌고 있다. 한 사람이 성적으로 성숙해지는 열세 살 혹은 열네 살, 우리는 그 자리에 방치된 채 위장된 삶을 산다.

하나의 거짓말이 다른 거짓말을 낳고, 하나의 잘못이 또 다른 잘못을 낳으면서 끝없는 거짓의 악순환이 이어진다. 그리하여 당신은 쓰레기 더미로 전락한다. 이 쓰레기 더미를 사람들은 인격이라고 부른다.

인격을 버려야 한다. 그때 비로소 개인성이 모습을 드러낼 수 있다. 인격과 개인성을 같다고 생각하지 마라. 인격은 진열상자에 불과하다. 전시물에 불과하다. 사실성이 결여되어 있는 것이다.

개인성은 우리의 실체다. 보여주기 위한 전시물과는 다르다. 깊게 파고 또 파도 똑같은 맛의 물을 발견하게 되는 우물과 같다.

붓다는 이렇게 말했다고 전해진다.

"나의 어느 부분이든 당신은 똑같은 맛을 보게 될 것이다. 바다의 어느 부분에서 물을 마시더라도 짠맛을 느낄 수 있는 것과 같다."

개인성은 살아 있는 전체를 의미한다. 인격은 분열되어 있다. 중심과 표면이 서로 다른 까닭에 만날 수가 없다. 만나지 못할 뿐만 아니라 그 둘은 서로 정반대되는 지점에서 끊임없이 싸움을 하고 있다.

가식적으로 성숙한 태도를 취해서는 안 된다. 이 사실을 잘 이해해라! 당신은 성숙하든가 미숙하든가 둘 중의 하나일 뿐이다. 당신이 미숙하다면 그냥 미숙하면 그뿐이다. 미숙한 상태에는 성장 잠재력이 있다. 미숙을 위장하려 들거나 거짓으로 꾸미려 들지 마라. 당신이 유치하다면 그냥 유치하면 그뿐이다. 무엇이 문제인가? 유치함을 받아들이면 된다. 당신의 존재 안에 분열을 만들지 마라. 있는 그대로 받아들여라.

　유치하다고 해서 창피해 할 필요가 없다. 유치함은 잘못되었다는 교육 때문에 당신은 성숙한 태도를 취하려고 노력한다. 어린 시절부터 당신은 성숙한 척하라는 훈련을 받았다. 어떻게 어린아이가 성숙할 수 있겠는가? 어린아이는 어린아이에 불과하다. 당연히 유치해야 한다.

　하지만 어른들은 어린아이의 유치함을 허용하지 않는다. 그렇기 때문에 어린아이는 외교술을 터득하게 되고 성숙한 척하기 시작한다. 거짓 삶을 살면서 성장한다. 그리고 어느 날 진리를 탐구하기 시작한다. 경전을 뒤지면서 진리를 찾으려고 하지만 어떤 경전도 참된 진리를 말해 주지 않는다. 진리는 우리 존재 안에 있다. 우리의 존재가 바로 진정한 경전이다. 베다나 코란, 성경은 모두 우리의 의식 속에 있다. 우리는 이미 우리가 필요로 하는 모든 것-신으로부터 받은 선물-을 내면에 가지고 있다. 모든 사람들이 진리를 존재 안에 가지고 태어난다. 생명, 그 자체가 진리이다. 하지만 우리는 진리를 배우기 전에 거짓을 먼저 배운다.

　모든 거짓을 버려야 한다. 엄청난 두려움이 일어나겠지만 용기를 내야 한다. 우리가 인격을 버릴 때 한 번도 허락받지 못했던 유치함이 표면으로 드러난다. 당연히 두려움을 느낄 수밖에 없다.

"나보고 지금 유치해지란 말입니까? 나는 유명한 교수인데-혹은 의사이거나 기술자인데-박사 학위를 가진 나보고 유치해지라고요?"

두려움, 남들이 나를 어떻게 생각할 것인가 하는 두려움이 생긴다.

똑같은 두려움이 처음부터 우리를 파괴했다. 똑같은 두려움이 독이 되었다. 어머니가 뭐라고 생각할 것인가? 아버지가 뭐라고 생각할 것인가? 사람들이 뭐라고 생각할 것인가? 선생님들과 사회는 또 뭐라고 생각할 것인가?

그래서 어린아이는 교활해질 수밖에 없다. 진심을 내보이는 대신 위장된 얼굴을 내보이기 시작한다. 사람들이 보고 싶어 하는 얼굴만을 내보이기 시작한다. 이것이 바로 외교술이다. 이는 정치적 술수이자 성장에 해가 되는 독이다.

세상 사람 모두가 굉장히 정치적이다. 얻는 게 있기 때문에 미소를 짓고, 울어야 하는 상황이기 때문에 눈물을 보이고, 상황에 도움이 되기 때문에 이런 저런 말을 한다.

부인의 잔소리를 멈추게 하고 싶을 때 '사랑해, 여보'라는 말을 한다. 남편이 기대하기 때문에 어쩔 수 없이 '당신이 없으면 살 수 없어요. 내가 이 세상에서 원하는 사람은 오직 당신뿐, 당신은 내 인생이에요.'라는 말을 한다.

정말로 그런 느낌이 들어서 하는 말에는 아름다움이 담겨 있다. 진짜 장미꽃처럼 거부할 수 없는 향기가 있다. 하지만 단지 남편의 에고를 다독여 주고 진정시키기 위해 사랑하는 척하면서 하는 말은 목적이 있기 때문에 아름답지 못하다. 마치 플라스틱으로 만든 장미꽃처럼 아름다워 보이지만 향기가 없다.

그리고 우리는 온갖 플라스틱 제품을 지고 다닌다. 소위 종교적인 사람들은 끊임없이 이렇게 말한다. 세상을 포기해라!

분명히 말하건대 문제는 세상이 안다. 포기, 그 자체가 거짓이다. 문제는 바로 그 거짓된 포기에 있다. 인위적인 것을 포기해야 한다. 가족을 포기하지 말고, 거짓된 집단을 포기해야 한다.

솔직해져야 한다. 솔직해지는 것은 쉽지 않다. 솔직함은 싸구려 플라스틱 제품이 아니다. 거짓되고 진실하지 못한 것은 값이 싸다. 편리하고 편안하다. 마치 우리 자신을 보호하기 위해 걸치고 다니는 갑옷처럼 속임수이다. 갑옷을 걸치고 있는 한 우리의 영혼 안에 담긴 진실을 놓칠 수밖에 없다. 절대로 신이 무엇인지 알 수 없다. 왜냐하면 신은 우리의 내면 안에 살고 있기 때문이다.

먼저 내면에서부터 시작해야 한다. 안에서부터 시작해야 한다. 왜냐하면 안이 바깥보다 가깝기 때문이다. 우리의 존재가 참나에 더 가깝기 때문이다.

우리 안의 신을 놓치고서 어떻게 크리슈나 안에서, 예수와 붓다 안에서 신을 볼 수 있겠는가? 모두 난센스다. 우리 안에서 신을 볼 수 없다면 예수에게서도 신을 볼 수 없다. 거짓을 살고 있는 사람이 어떻게 내면에 있는 신을 볼 수 있겠는가? 우리는 너무나 많은 거짓 때문에 우리의 존재로 향한 길조차 잃어버렸다. 거짓의 정글에서 길을 잃어버렸다.

프리드리히 니체는 이렇게 말했다. '인간은 거짓말을 하지 않고 살 수 없다.'

99퍼센트의 사람들을 보면 니체의 말이 맞다. 왜 인간은 거짓말을 하지 않고 살 수 없는가? 왜냐하면 거짓말은 일종의 쇼크 완충 장치의 역할을 하기 때문이다. 거짓말은 윤활유와 같은 역할을 한다. 그리하여 사람들 사이에서 일어나는 끊임없는 충돌을 막아 준다. 예를 들어 당신이 미소를 짓는다. 상대방도 미소를 짓는다. 이것이 바로 윤활유이다.

속으로는 화가 나고 분노로 이글거리지만 남편은 부인에게 이렇게 말한다.

"사랑해, 여보."

분노를 드러내면 골치가 아프기 때문에 남편은 거짓말을 윤활유로써 활용한다.

하지만 기억해야 할 것은 분노를 표현하지 않고서는 절대 사랑을 표현하는 방법을 알 수 없다는 사실이다. 화를 낼 수 없는 사람은 사랑도 할 수 없다. 왜냐하면 분노를 억압하는 것처럼 다른 감정을 표현하는 데도 어려움을 겪기 때문이다. 모든 것은 서로 연관성을 맺고 있다. 우리 안에 존재하는 모든 감정들은 분리되어 있지 않다. 분노와 사랑 사이에는 별도의 수도꼭지가 없다. 둘은 한데 묶여 있다. 한데 섞여 있다. 같은 에너지이다. 그러므로 분노를 억압하면 사랑도 억압할 수밖에 없다. 사랑을 표현하면 그 순간 분노도 함께 드러난다. 즉, 둘 다 억압하든가 둘 다 표현하는 길밖에 없다.

이 내면의 표현방식을 이해해야 한다. 둘 다 표현하거나 하나도 표현하지 못하거나, 둘 중의 하나를 선택해야만 한다. 절대 분노는 억압하고 사랑만 표현할 수는 없다. 그러한 사랑은 거짓된 사랑이다. 그러한 사랑에는 열도 없고 온기도 없다. 기껏해야 매너리즘에 불과할 뿐, 깊게 들어가지 못한다.

사랑에 빠진 사람들, 그들은 그저 사랑하는 척할 뿐이다. 자녀들을 사랑하고 부인 혹은 남편을 사랑하며, 배우자를 사랑하고 친구를 사랑하는 이유는 단지 그들에게 주어진 역할이 그것이기 때문이다.

의무감을 가지고 사랑을 하되 그 안에 기쁨이 없다. 집에 돌아와 아이들의 머리를 쓰다듬어 주는 것은 단지 그것이 아버지가 해야 할 역할이기 때문이다. 아무런 기쁨도 없이 이미 죽어 버린 것처럼 차가운 손길.

당혹스러운 것은 아버지뿐만 아니라 아이들도 마찬가지다. 아이들은 애완견을 만지는 듯한 그 차가운 손길을 절대 용서하지 못한다.

부인과 섹스를 한다. 혹은 남편과 섹스를 한다. 궁극의 지복까지 도달할 수 있음에도 불구하고, 그 속에 완전히 용해될 수 있음에도 불구하고 누구도 그곳까지 가려고 하지 않는다. 단순한 육체적 만남에 머물고 만다.

단 한 번도 분노를 분출해 보지 못한 사람은 절대 분노 속에 용해될 수 없다. 하물며 어떻게 사랑 속에 용해될 수 있겠는가? 신문을 보면 연인을 살해하는 사건이 종종 일어난다.

까닭인즉, 사랑을 표현하는 그 순간 갑자기 분노가 분출되기 때문이다. 특별한 이유 없이 여자친구를 살해하는 사건이 종종 일어나는데, 사실 살해자는 남자가 아니다. 오히려 사회가 그 책임을 져야 한다. 갑작스런 사랑의 분출이 분노의 분출로 이어진 것뿐이다. 갑자기 너무 깊게 들어가 야생성이 표출된 것뿐이다.

사실상 우리가 교육 받은 문명성이란 단지 표면을 덮고 있는 얇은 눈에 불과하다. 그런 까닭에 한 번 분노가 느껴지면 내면에 감추어져 있던 모든 분노가 일어나면서 완전히 미치게 된다.

그러한 광기를 회피하기 위해 사람들은 외관상으로만 사랑을 한다. 사랑이 재채기 같다는 표현은 맞는 말이다. 긴장을 풀어 주고, 무겁게 느껴지던 에너지가 빠져나가기는 하지만 진정한 사랑은 아니다.

사랑은 환희가 되어야 한다. 단지 재채기나 가벼운 이완 정도가 아니라 자각과 해탈이 되어야 한다. 사랑이 해탈과 환희, 사마디가 되지 않는다면 진짜 사랑이 아니다.

모든 것에 대해 진실하고 거짓된 태도를 취하지 않으며, 분노를 표현하고 웃음을 표현하고 눈물을 표현한 사람의 사랑만이 진짜 사랑이다. 억지로 막으려고 하지 않고, 남김없이 표현하며, 조정하려고 안간힘 쓰지 않은 사람의 삶에는 완전한 자유가 있다.

남김없이 표현한다는 말은 절대 음탕한 생활을 의미하지 않는다.

남김없는 표현은 굉장한 수련을 필요로 한다. 인위적인 표현이 아니라 내면의 경험에서 나오는 표현이다.

이는 온갖 영역에 대한 탐구, 경험 그리고 폭넓은 이해를 요구한다. 분노를 표현하면서 그 안에서 이해를 얻고, 그 이해가 자기수련으로 이어진다. 그런 까닭에 인위적인 행위는 추하기 그지없으며, 이해에 의한 자기수련은 아름답기 그지없다.

수련Discipline이라는 낱말은 배울 수 있는 소양을 뜻하는 말로 제자Disciple라는 말과 관련이 있다. 수련은 자기통제를 의미하는 게 아니라 배울 수 있는 소양을 뜻한다.

수련이 된 사람은 경험을 통해 삶을 배워간다. 두려움 없이, 위험을 무릅쓰고 탐구와 모험을 계속해 나간다. 그는 알지 못하는, 어둠으로 가득한 밤길을 걸어갈 준비가 되어 있다. 아는 것에 집착하지 않고, 실수를 두려워하지 않으며, 언제든 구덩이에 떨어질 준비가 되어 있다. 남들의 웃음거리가 되는 것을 두려워하지 않는다. 남들이 바보야라고 부르는 것을 두려워하지 않을 만큼 용기 있는 사람만이 살며 사랑할 수 있다.

우리는 더 많은 경험, 더 깊은 경험을 통해 성숙해질 수 있다. 삶을 회피하는 사람은 언제나 유치함을 벗어날 수 없다.

한 가지 더, 내가 어린아이와 같다는 말을 할 때 그것을 유치함과 동의어로 생각해서는 안 된다. 어린아이는 유치할 수밖에 없다. 유치하지 않은 아이는 어린 시절의 놀라운 경험들을 놓치게 된다.

하지만 나이 든 사람이 유치하다는 것은 그가 아직 성장을 못했다는 뜻이다. 어린아이와 같은 상태는 전혀 다른 현상을 일컫는다. 좀 더 자세히 살펴보자. 어린아이는 언제나 전체적이다. 어린아이는 무엇을 하든 완전히 몰입한다. '적당히'라는 말을 알지 못한다. 해변에서 조개를 줍는 아이의 의식 속에서는 세상도 사라지고 모든 게 사라진다. 그리고 오직 조개와 해변만이 남는다. 아이는 조개를 줍는 일에 완전히 몰입한다. 이러한 전체성이 바로 어린아이의 특성이다. 집중력과 전체성, 그리고 열정.

두 번째로 어린아이는 순수하다. 아이는 지식에서 출발하지 않고 무지에서 출발한다. 우리는 지식에서 출발한다. 지식이란 과거를 의미하고 타인에 의해 알려진 오래된 정보를 의미한다. 우리가 경험을 통해 얻은 것이 아니라 남의 것을 모아 놓은 것이 바로 지식이다.

어린아이는 새로운 상황에 대해서 새롭게 대응한다. 과거에 묶인 지식을 적용하지 않는다. 나는 지금 기술직이나 테크놀로지에 대해 말하는 게 아니다. 이 두 영역에서는 과거의 지식이 중요하다. 하지만 살아 있는 생명체와 교류를 하는 경우, 같은 현상의 반복은 존재하지 않는다. 순간순간 나타나는 현상이 새롭다.

그러므로 매 순간 벌어지는 상황에 가장 잘 대처할 수 있는 방법은 어린아이처럼 대응하는 것뿐이다. 지식을 적용하려 들지 말고, 새로운 상황에 새롭게 대처하면 된다. 옛 지식은 우리와 현재를 절대 이어줄 수 없다.

옛 지식으로 새로운 상황에 대처하려 들지 마라. 그렇지 않으면 당신은 언제나 기차가 떠난 뒤에 손을 흔들게 될 것이다.

사람들은 기차에 대한 꿈을 꾸면서 기차를 놓치기만 한다. 열심히 달려서 역에 도착하지만 꿈속의 기차는 이미 떠나 버리고 없다. 사람들은 기차에 대한 꿈을 아주 반복적이고 일상적으로 꾼다.

왜 사람들은 계속해서 이러한 꿈을 꾸는가? 왜냐하면 계속 삶을 놓치고 있기 때문이다. 그들은 언제나 늦게 도착한다. 아무리 노력해도 역은 텅 비어 있고, 기차는 이미 떠나 버렸다. 그들이 매번 기차를 놓치는 이유는 지식이라는 장애물 때문이다.

나는 당신에게 무지를 가르친다. 내가 말하는 어린아이는 쉬지 않고 익히되 절대 지식적이지 않은 사람을 일컫는다. 지식은 죽어 버린 현상이다. 배움은 살아 있는 과정이다. 그러므로 배우는 사람은 이를 잘 기억해야 한다. 배우는 사람은 절대 지식의 관점에서 상황에 대응하지 않는다.

어린아이를 관찰해 본 적이 있는가? 어린아이는 아주 빨리 익힌다. 아이는 어머니와 아버지가 쓰는 언어를 익히고, 이웃 사람들의 말투를 익힌다. 아이는 별 무리 없이 서너 개의 언어를 익힐 수도 있다. 한 가지 언어를 익히고 나면, 다른 언어를 익히기가 쉽지 않다. 왜냐하면 늙은 개에게 새로운 기술을 가르칠 수 없다는 속담처럼 우리는 이미 한 가지 언어와 지식의 관점에서만 사고를 하기 때문이다. 이는 엄연한 사실이다.

그렇다면 무엇이 개를 늙게 만드는가? 소크라테스는 심지어 죽음의 순간까지 배움을 멈추지 않았다. 붓다 역시 마지막까지 배움을 계속해 나갔다. 이 두 사람의 경우에서 볼 수 있듯이 육체적인 나이는 문제가 되지 않는다. 그렇다면 무엇이 개를 늙게 만드는가? 바로 지식이 개를 늙게 만드는 것이다.

붓다는 영원히 젊다. 크리슈나도 영원히 젊다. 늙은 붓다나 크리슈나를 깎아 놓은 조각상은 어디에서도 찾아볼 수 없다. 이는 그들이 절대 늙지 않았다는 뜻이 아니다.

크리슈나는 여든 살까지 살았지만 그의 내면에 있는 무언가는 절대 늙지 않았다. 그는 언제나 싱싱한 어린아이와 같았다. 그럴 수밖에 없는 것이 그는 언제나 지식이 아닌 알지 못함의 관점에서 삶을 대했기 때문이다. 그러므로 우선 어린아이와 같아야 한다. 즉, 전체적으로 살아야 한다.

두 번째로, 항상 배우는 사람의 자리에 남아 있어야 한다. 오래된 지식이 아닌 새로운 무지에서 출발해야 한다. 그것이 바로 순수이다.

그리고 마지막으로 어린아이는 항상 신뢰한다. 신뢰가 없다면 아이는 생존할 수 없다. 갓 태어난 아이는 어머니를 신뢰한다. 우유를 신뢰하고 우유가 자신에게 자양분을 줄 것이라고 신뢰한다. 모든 것을 신뢰한다. 어린아이의 신뢰는 100퍼센트이다. 한 치의 의심도 없다.

아이는 아무것도 두려워하지 않는다. 그의 신뢰는 어머니를 두렵게 만들 지경이다. 아이는 뱀에게 다가가 만질 수도 있고, 불 속에 손을 넣을 수도 있기 때문이다. 그의 신뢰는 한 치의 의심은커녕 두려움도 없다. 이것이 바로 어린아이가 가진 세 번째 특징이다.

우리가 만일 신뢰가 무엇인지 알 수 있다면, 다시금 신뢰할 수 있는 방법을 찾게 된다면, 신을 알게 될 뿐만 아니라 진리가 무엇인지도 알게 될 것이다. 신뢰와 신성, 이 공식을 과학은 의심에서 출발한다. 모든 교육이 의심의 교육으로 변질된 이유가 바로 여기에 있다. 과학은 얼마만큼 의심하느냐에 따라 그 발전의 정도가 결정된다. 하지만 종교는 신뢰에서 출발한다. 신뢰가 없으면 종교는 존재할 수 없다. 신뢰와 종교, 그 둘은 일종의 운명 공동체와도 같다.

만약 신뢰를 과학에 응용한다면 모든 것을 놓치게 될 것이다. 어떤 결론도 얻지 못하고 아무런 소득도 없을 것이다. 의심의 정도가 과학을 재는 척도나 마찬가지이다. 과학자들은 의심하고 의심하며 또 의심해야만 한다. 더 이상 의심의 여지가 없는 결론에 도달할 때까지 의심하고 또 의심해야만 한다.

그리고 더 이상 의심할 수 없는 지경에 이르면 할 수 없이 드러난 사실을 받아들이게 된다. 하지만 과학자는 내일 새로운 사실이 밝혀지면 전체의 모양이 바뀔 것이라는 의심을 떨쳐 버리지 못한다.

잠깐 동안의 타협. 과학은 절대 어떤 궁극적인 진리에도 도달할 수 없다. 과학은 대략의 진리, 일시적인 진리에 도달할 수 있을 뿐이다. 잠깐 동안 그것을 진리로 받아들이지만 누가 알겠는가, 내일 어떤 과학자가 새로운 사실을 발견해낼지?

과학은 기껏해야 가정과 일시적, 대략적 진리에 도달할 수 있을 뿐이다. 뉴턴이 발견한 진리는 아인슈타인에 의해 하수구에 버려졌다. 그리고 아인슈타인이 발견한 진리도 언젠가 누군가에 의해서 똑같은 신세로 전락할 것이다. 이렇듯 과학의 분야에서 필요한 것은 진리가 아니라 의심이다.

우리는 의심의 여지가 없는 것만을 신뢰해야 한다. 일종의 무력함 때문에 잠정적인 신뢰를 하는 것이 아니라, 다방면에서 살펴본 결과 의심이 사라지고 확신이 일어나기 때문에 신뢰할 수 있어야 한다. 이럴 때 더 이상의 의심이 일어나지 않는다. 우리는 신뢰 외에 아무것도 할 수가 없다.

종교는 과학과 정반대되는 자리에 있다. 과학의 수단이 의심이라면 종교는 신뢰를 수단으로 삼는다. 신뢰란 무엇인가? 신뢰의 상태란 우리가 존재 세계로부터 분리되어 있지 않은 상태를 뜻한다. 우리가 존재 세계의 한 부분이며 존재 세계가 바로 우리의 고향인 상태를 뜻한다.

이런 상태에서 우리는 존재 세계에 속해 있고, 존재 세계는 우리에게 속해 있다. 우리는 집 없는 방랑자들이 아니다. 우주가 바로 우리의 어머니이기 때문이다. 어린아이가 어머니를 신뢰하듯, 우리는 도움이 필요할 때면 언제나 우주가 우리에게 손을 내밀 것이라는 사실을 신뢰한다.

배가 고파서 아이가 울음을 터뜨리면 어머니는 젖을 주고, 아이가 추위를 느끼면 어머니는 따뜻하게 안아 주면서 사랑과 온기를 베풀어 준다. 어린아이는 전적으로 어머니를 신뢰한다. 아이가 할 일은 오직 하나, 어머니가 필요할 때마다 목청껏 울면 그뿐이다.

종교는 우주가 우리의 어머니이고 아버지라고 말한다. 예수는 신을 아바Abba라고 불렀다. 아버지라는 낱말은 형식적인데 반해 아바는 그렇지 않다. 아바를 제대로 번역하면 아버지Father보다는 오히려 아빠Daddy에 더 가깝다. 하지만 신을 아빠라고 부르기는 좀 어색하기 때문에 교회에서는 이 용어를 쓰지 않는다. 교회는 이 말이 좋지 않다고 말한다. 그럼에도 불구하고 예수는 신을 아바라 불렀다.

사실상 기도는 형식에 묶여서는 안 된다. 아버지라는 말은 너무 멀게 느껴진다. 인간은 신을 아버지라고 부름으로써 그를 먼 곳, 천국에 방치해 두려고 한다. 하지만 아빠라는 말이 훨씬 가깝게 느껴진다. 그를 만질 수도 있고, 그와 대화를 나눌 수도 있을 것 같다.

하지만 아버지 신은 천국의 높은 곳에 앉아 있기 때문에 우리가 아무리 소리를 쳐도 그가 우리의 기도를 듣고 있는지 확신할 수가 없다.

참다운 종교적 자세는 어린아이와 같이 천진난만하다. 세상이 곧 아버지가 되고 어머니가 된다. 자연을 역행하지도 않는다. 자연에 맞서 싸움을 벌이지도 않는다. 싸움이 아니라 긴밀한 조화가 일어난다. 자연과의 싸움이라니 얼마나 어리석은 일인가!

신뢰가 과학적 탐구에서 별 기능을 못하는 것처럼, 종교적 경험에 있어서 의심은 쓸모가 없다. 과학은 외부적인 탐구를 의미하고, 종교는 내면적인 탐구를 의미한다.

과학이 물질적 종교라면 종교는 존재의 과학이라고 말할 수 있다. 마치 우리가 귀를 통해서 꽃을 볼 수 없는 것과 같다.

아무리 예민한 귀를 가졌더라도, 아무리 음악에 민감한 귀를 가졌더라도, 귀로 꽃을 볼 수는 없는 것이다. 귀는 소리를 듣는 데만 쓸 수 있다. 색채나 빛, 혹은 형태를 보고 싶다면 눈을 통해서 보아야 한다.

물론 아름다운 것을 볼 수 있는 눈도 한계를 가지고 있다. 눈을 통해서 음악을 들을 수는 없다. 음악이 아무리 거대하고 장엄하더라도 눈으로 음악을 들을 수는 없다. 음악은 귀를 통해서 들어야만 한다. 눈은 귀머거리나 마찬가지다.

의심은 사물에 접근하는 문이요, 신뢰는 존재로 향한 문이다. 그러므로 우리는 신뢰를 통해서만 신성을 알 수 있다.

우리는 두 가지 오류를 저지른다. 이를 잘 기억해라! 소위 종교적인 사람들은 과학을 상대로 쓸모없는 싸움을 벌인다. 교회는 과학을 상대로 어리석은 싸움을 한다. 교회는 과학이 신뢰에 바탕을 두어야 한다고 생각하기 때문이다. 반면에 과학은 종교가 의심과 회의론, 그리고 논리에 바탕을 두어야 한다며 보복을 한다. 어리석은 인간은 똑같은 실수를 반복해서 저지르고 있다. 중세의 교회가 그 대표적인 예라고 볼 수 있다. 현대의 과학자들은 중세의 교회가 저지른 것과 똑같은 어리석음을 범하고 있다.

이해력이 있는 사람은 의심의 한계를 인정하고 그것의 장점을 활용한다. 마찬가지로 신뢰의 한계와 장점을 충분히 활용한다. 물질을 연구하는 데 신뢰를 적용할 필요는 없다.

또한 내면세계를 탐구하는 데 의심을 적용할 필요도 없다. 굳이 혼돈을 야기할 필요가 없는 것이다. 만일 과학적 탐구에 신뢰를 적용했더라면 과학은 애초에 태어나지도 못했을 것이다.

동양의 과학이 원시적인 상태를 벗어나지 못하는 이유가 바로 여기에 있다. 인도의 과학을 예로 들어보자. 인도에서는 심지어 과학자들조차, 서양에서 교육을 받고 노벨상을 수상한 사람조차 속을 들여다보면 비과학적이고 미신적인 면을 가지고 있다. 알게 모르게 그들은 종교에서나 통하는 신뢰를 외부세계에 적용하려고 애쓴다.

마찬가지로 굉장히 종교적인 서양의 종교인들조차 속을 들여다보면 의심으로 가득하다. 서양의 종교는 의심을 탐구해 왔고, 동양의 과학은 신뢰를 탐구해 왔다. 이제 우리는 이 두 가지를 모두 사용해야 한다. 오직 이해력을 가진 사람만이 그 두 가지를 활용할 줄 안다.

과학 실험을 하는 연구실에서는 의심을 이용하고, 기도를 하거나 명상을 하는 사원에서는 신뢰를 사용한다. 그리하여 우리는 신뢰에 묶이지도 않고 의심에 묶이지도 않는다.

귀에 묶이지 마라. 눈에 묶이지 마라. 하나에 묶여 빈곤해지지 마라. 두 가지를 모두 소유하라! 그리하여 보고 싶을 때는 눈을 사용하고, 듣고 싶을 때는 눈을 감으라.

사람들이 음악을 들을 때 눈을 감는 것은 우연의 일치가 아니다. 당신이 음악을 제대로 듣는 방법을 안다면, 그대 역시 눈을 감게 될 것이다.

의심과 신뢰의 경우도 마찬가지다. 신뢰는 어린아이가 가진 특징이다. 신뢰는 곧 상황에 전체적으로 임하고, 모름 속에서 반응하며 믿음이 가득한 것을 의미한다.

유치함은 일종의 감상적인 상태를 일컫는다. 우리에게 필요한 것은 유치함이 아니라 어린아이와 같은 순수함이다. 물론 모든 어린아이들은 유치해야 한다. 그리고 모든 어른들은 어른다워야 한다. 물론 어른도 어린아이와 같은 특징을 가질 수 있다. 하지만 유치함이나 짜증스러움 혹은 감상적인 태도가 아닌, 자연과 조화롭게 살 수 있는 성숙함을 가져야 한다. 오직 어린아이와 같이 될 수 있을 때 우리는 성숙해질 수 있다. 모순된 것처럼 들리지만 사실이다.

하지만 당신이 유치함을 충분히 표현하지 못하고 살았다면 지금이라도 자신의 유치함을 표현해라! 그리고 빠른 시일 내에 충족해라! 그렇지 않으면 죽을 때까지 유치함을 놓지 못하고 끌고 다니게 될 것이다. 유치함을 충족하는 방법은 그것을 표현하는 길뿐이다. 표현되는 순간, 유치함은 사라지게 되어 있다. 나중으로 미룰수록 표현하기가 어려워진다. 지금 당장 표현해라! 유치함을 표현하는 순간, 우리는 어린아이의 특성을 얻을 수 있다.

이렇게 유치함이 사라질 때 우리는 신선하고 싱싱한 내면의 아이와 더불어 성장하기 시작한다. 그리고 성숙해지기 시작한다. 우리가 계속해서 거짓말을 끌고 다닌다면 절대 성숙해질 수 없다. 오직 진실한 사람만이 성숙해질 수 있다.

섹스에서 관능으로

섹스를 통해서 섹스를 버린다는 것이 정말로 가능합니까?
아무리 생각해도 제 몸과 마음은 끝까지 섹스를 원할 것 같은데요.

무엇 때문에 그토록 서둘러 섹스를 버리려고 하는가? 서둘러 무언가를 버리려고 하면 절대로 그것을 버릴 수 없다. 버리겠다는 욕망으로 인해 당신은 전체를 이해할 수 없게 된다. 이미 마음속에서 섹스는 잘못되었다고 규정을 내린 다음에 어떻게 섹스에 대한 이해가 커지기를 바랄 수 있는가? 섹스에 제대로 귀를 기울여 들어본 적도 없이 판단을 내려 버린다면 섹스에 대한 이해가 자랄 수 있는 가능성은 전혀 없다. 이상하게 들릴 수도 있지만, 먼저 섹스에게 기회를 주어야 한다.

물라 나스루딘에게 이런 일이 있었다. 법정에서 판결을 내려야 하는 처지에 선 그는 법정에 들어온 한 집단의 말을 듣고 나서 이렇게 말했다.

"이제 내가 판결을 내리겠소."

이 말을 들은 법정 서기는 그만 어리둥절해졌다. 한쪽 편의 말만 듣고 판결을 내리다니, 나스루딘에게 가까이 다가간 서기가 그의 귀에 대고 속삭였다.

"지금 무슨 말씀을 하신 겁니까? 판결을 내리다니요? 다른 편의 말도 들어봐야 할 것 아닙니까?"

그러자 나스루딘이 이렇게 반문했다.

"무슨 뜻인가? 다른 편이라고? 너는 지금 나를 혼란스럽게 하려는 거냐? 상황이 이렇게 분명한데 말이다. 만일 내가 다른 편의 말을 듣게 되면 혼란에 빠지게 될 거야. 그렇다면 판결을 내리기가 어려워질 게 아닌가?"

한쪽 말만 듣고 내리는 판결을 제대로 된 판결이라고 할 수 있는가?

소위 성자라고 하는 사람들은 굉장히 말이 많다. 그들은 모든 성적 에너지를 섹스를 비난하는 데 쓴다. 그리고 당신은 귀가 닳도록 그들의 말을 듣는다.

당신은 단 한 번도 자신의 성적 에너지에 관심을 기울여 본 적이 없다. 섹스는 나쁜 것이라는 선입견을 이미 가진 그대, 섹스가 버려야 하는 것인지 아닌지 어떻게 확신할 수 있는가? 어쩌면 우리가 아름답게 가꾸어 가야 할 것인지 어떻게 알 수 있는가?

따라서 우리는 항상 열려 있어야 한다. 섹스를 할 때, 사랑 속으로 명상적인 에너지가 들어올 수 있도록 허용해야 한다. 우리가 여태까지 들어온 모든 선입견을 제쳐 놓고, 섹스에 대한 모든 부정적인 생각도 접어 놓은 채 말이다. 섹스는 섹스에 대한 집착을 더욱 강하게 만들 뿐이라거나 섹스 에너지는 나쁘다는 생각을 버려야 한다. 무조건 섹스를 반대하는 것은 우리 안에 여러 가지 왜곡을 만들 뿐이다.

모든 종교는 섹스를 왜곡했다. 내가 모든 종교라고 말하는 것은 붓다나 마하비라, 크리슈나와 예수 혹은 마호메트를 의미하지 않는다. 나는 그의 추종자들을 말하고 있다. 그들이 바로 섹스를 왜곡해 온 장본인들이다. 그들은 붓다에게서 섹스가 사라진 것을 보고 섹스는 사라져야 한다고 정해 버렸다. 섹스가 사라져야 붓다가 될 수 있다는 규칙을 만들어 버렸다.

그러나 사실은 그렇지 않다. 그가 섹스를 포기해서 붓다가 된 것이 아니다. 붓다가 자신의 내면에 있는 근원에 도달하자 섹스가 사라진 것이다. 하지만 겉모습만 본 사람들은 붓다에게서 섹스가 사라진 것을 보고, 붓다가 되고 싶으면 섹스를 포기하라고 주장하기 시작했다.

붓다는 돈에 관심이 없었다. 그들은 분명히 이렇게 주장했을 것이다.

"붓다가 되고 싶다면 돈에 관심을 보이지 마라."

하지만 이 모든 것은 잘못된 접근법이다. 원인을 찾기보다 결과를 원인으로 오해하고 있다. 원인은 내면의 불성이다. 내면의 존재다. 내면의 존재를 깨달아 지복에 휩싸인 사람이 무엇 때문에 섹스 따위에 신경을 쓰겠는가? 자신의 내면에서 지고한 기쁨을 얻는 사람이 무엇 때문에 남에게 사소한 기쁨을 구하겠는가? 누구보다 내면이 부유한 사람이 무엇 때문에 구걸을 하겠는가? 내면에 모든 재물을 소유한 사람이 무엇 때문에 여자를 구하고 남자를 구하며 한순간의 기쁨을 탐닉하겠는가? 거지만이 거지를 찾아가 구걸을 한다.

두 명의 거지가 동냥그릇을 든 채 마주 서 있다.

"나에게 약간의 기쁨을 준다면 나도 당신에게 약간의 기쁨을 주겠다."

한 거지가 다른 거지에게 줄 것이 뭐가 있겠는가?

불성이 내면에서 활짝 피어나지 않는 한 사소한 기쁨을 구걸하는 행위는 계속될 수밖에 없다. 나는 그러한 행위가 잘못되었다고 말하려는 게 아니다. 잘못된 것은 아무것도 없다. 단지 그러한 에너지를 좀 더 잘 지켜보고, 긴장을 하는 대신 좀 더 넓게 수용할 수 있어야 한다고 말하는 것뿐이다. 옳고 그름을 판단하지 마라. 잘못된 것은 비판하는 마음뿐이다.

당신은 비판하는 순간 기독교 성자들처럼 문제에 빠지게 된다. 기독교의 유명한 성자인 제롬은 자신의 육체를 굉장히 미워한 사람이었다. 그는 매일 자신의 몸을 채찍으로 후려쳤다. 수많은 사람들이 그의 고행을 보려고 모여들었다. 자신의 몸을 채찍으로 후려치는 사람이나 그것을 고행이라면서 보러 오는 사람이나 둘 다 제정신이 아니긴 마찬가지다. 제롬은 자학적인 사람이었고, 그 자리에 모인 사람들은 가학적인 사람들이었다. 그들은 다른 사람을 고문하고 싶은 욕망으로 가득했고, 제롬은 그러한 욕망을 충족시켜 준 셈이었다. 둘 다 정신이 병든 사람들이었다.

제롬은 육체를 불결한 몸, 한 자루의 배설물이라면서 비난했다. 하지만 동굴 속에서 고행을 했던 제롬은 아름다운 여자들에 대한 환상으로 괴로워했다. 그는 결혼도 마지못해 인정했다. 결혼만이 처녀를 생산해 낼 수 있는 유일한 방법이기 때문이었다. 섹스는 본질적으로 나쁜 것이지만 세상에서 가장 완벽한 존재인 처녀 생산을 위해 어쩔 수 없이 제롬은 섹스를 인정했다. 처녀 생산의 목적이 아닌 모든 섹스는 죄악으로 간주했다.

또 다른 사람, 알렉산드리아의 클레멘트Clement of Alexandria는 이렇게 적었다.

"모든 여자는 자신이 여자라는 사실에 대해 크게 부끄러워해야 한다. 왜냐하면 여자는 지옥으로 가는 문이기 때문이다."

나는 항상 제롬이나 클레멘트 같은 사람들을 보면 놀라움을 금할 수가 없다. 만일 여자가 지옥으로 가는 문이라면 어떤 여자도 지옥에 들어갈 수 없다. 어떻게 문이 스스로 지옥으로 들어갈 수 있는가? 남자는 여자를 통해서 지옥으로 들어간다. 좋다, 그렇다면 여자는 어떤가? 다들 천국에 있을 게 아닌가? 남자는 어떤가? 여자가 지옥으로 가는 문이라면, 그 문을 통과하는 남자는 어떤가? 이 모든 경전들은 소위 성자라고 불리던 남자들에 의해 쓰였다는 사실을 잊어서는 안 된다.

사실상 여자는 남자 성자처럼 신경이 과민한 사람들이 아니다. 여자 성자가 많지 않은 이유도 바로 그 때문이다. 여자는 훨씬 더 정상적이며 땅에 발을 딛고 서 있다. 여자는 남자처럼-앞선 예를 통해 알 수 있듯이-어리석지 않다. 여자는 남자보다 훨씬 우아하고 원만하며 땅에 뿌리를 내리고 있다. 훨씬 더 중심이 잡혀 있다.

알렉산드리아의 클레멘트처럼 여자를 폄하하는 경우는 아주 극단적인 예이다. 역사상 남자가 지옥으로 가는 문이라고 말한 여자에 관해 들어본 적이 있는가?

그렇다고 여자 신비가가 전혀 없었다는 말은 아니다. 미라Meera를 비롯하여 라비아Rabiya, 카슈미르의 랄라Lalla 등 많은 여자 신비가가 있었지만 누구도 남자에 대해 그런 말을 한 사람은 없었다. 오히려 미라는 '사랑이 신으로 가는 문'이라고 말했다.

또 다른 성자 오리겐Origen은 스스로를 거세했다. 기독교 세계에서 일어난 섹스 억압이 위대한 정신병자들을 양산해내는 역할을 했음을 단적으로 알 수 있다.

마그데부르크Magdeburg의 성녀 마틸데Mathilde는 신의 손이 자신의 젖가슴을 더듬었다고 말했다. 왜 이토록 신을 난처한 지경에 몰아넣는가? 남자를 피할 경우 이런 유의 망상을 창조하게 된다.

동정녀 마리아와 성교를 했다는 사제가 있는가 하면 크리스틴 에브너Chirstine Ebner라는 또 다른 성녀는 자신이 예수의 자식을 임신했다고 믿었다. 심각한 성적 억압으로 인해 수녀원과 수도원은 성령의 방문지가 되어버렸다. 섹스에 대한 욕망으로 가득한 사악한 성령은 잠자고 있는 성자들의 침대 위로 뛰어오르는 마녀의 모습으로 나타나기도 하고, 자고 있거나 명상 중인 수녀를 범한다는 잘생긴 몽마夢魔의 모습으로 뛰쳐나오기도 한다.

많은 수녀들이 악마가 밤에 나타나 자신들을 겁탈했다고 증언했다. 악마의 생식기 모양-포크처럼 생겼으며 두 개의 구멍을 가지고 있다-까지 생생하게 묘사하면서 말이다. 기독교의 병적 망상이 사람들로 하여금 온갖 종류의 꿈을 꾸도록 종용해 왔음을 알 수 있다.

정신적으로 병든 사람들, 그들은 죄다 노이로제 환자들일 뿐이다. 법정에서 증언을 한 수녀들은 악마와 일단 섹스를 하고 나면 어떤 남자도 그들을 만족시킬 수 없다고 고백했다. 아마도 악마는 굉장한 오르가슴을 가져다주는 섹스의 화신임에 틀림없다.

이런 난센스는 기독교에만 국한되지 않는다. 단지 기독교가 그 정점에 도달했다는 것뿐, 전 세계 곳곳의 다른 종교에서도 일어나고 있다.

섹스를 적대시하지 마라. 그렇지 않으면 당신은 점점 더 깊은 덫에 빠지고 말 것이다. 섹스를 없애려고 안간힘을 쓰면 절대로 없앨 수 없다.

물론 섹스가 사라지고 초월이 일어나는 시점이 있다. 하지만 섹스의 초월은 섹스를 거부해서는 절대로 일어나지 않는다. 오직 내면에서 더 나은 지복이 솟아날 때야 비로소 섹스는 사라진다. 그 전에는 불가능하다. 더 높은 단계의 지복을 찾아야만 한다. 그래야만 낮은 단계의 것이 스스로 사라지게 된다.

이 사실을 삶의 기본 규칙으로 삼을 필요가 있다. 낮은 것을 거부하기보다는 높은 것을 구하도록 해라! 낮은 것을 적대시하지 말고 높은 것을 추구해라! 높은 것이 당신에게 보이기 시작하는 순간, 낮은 것에 대한 관심은 물거품처럼 사라지게 되어 있다.

당신은 이렇게 물었다.

"섹스를 통해서 섹스를 버린다는 것이 정말로 가능합니까?"

내 말을 오해하지 마라. 내 말은 섹스를 통해 갈 때 섹스에 대한 이해가 생긴다는 것이다. 이해가 바로 자유이자 해탈이다.

나는 섹스를 적대시하지 않는다. 그러니 서둘러 섹스를 버리려고 안간힘 쓰지 마라. 섹스를 서둘러 버리고자 하는 사람이 어떻게 섹스를 제대로 이해할 수 있겠는가? 섹스를 제대로 이해하지 못한 사람이 어떻게 섹스를 초월할 수 있겠는가? 섹스를 당신의 존재에서 잘라낸다고 섹스가 사라지는 게 아니다. 섹스를 거부한다고 사라지는 것도 아니다. 섹스가 사라지면 오히려 모든 에너지가 흡수되면서 당신은 어느 때보다 더 관능적으로 변해간다.

붓다는 누구보다도 관능적이었다. 그가 냄새를 맡을 때, 그는 누구보다도 강렬하게 냄새를 느꼈다. 사물을 만질 때, 그는 누구보다도 전체적으로 만졌다. 꽃을 바라볼 때 역시 그는 꽃의 아름다움을 누구보다도 잘 볼 수 있었다. 왜냐하면 그의 모든 에너지가 감각으로 퍼져 나갔기 때문이다.

그의 에너지는 성기에 국한되어 있지 않고 온몸으로 퍼져 나갔다. 그래서 붓다는 아름다울 수밖에 없다. 그의 우아함, 초자연적인 우아함, 그것이 어디에서 왔겠는가? 섹스의 변형에서 온 것이다. 당신이 썩는 냄새가 난다고 비난하는 진흙에서 붓다는 연꽃을 피워냈다.

그러므로 섹스를 거부하지 마라. 섹스가 바로 당신의 연꽃이 될 수 있다. 섹스에 변형이 일어나면, 당신은 비로소 신이 얼마나 값진 선물을 당신에게 주었는지 알게 될 것이다. 섹스는 우리의 삶이자 바로 에너지이다.

낮은 단계에서든 높은 단계에서든 우리가 가진 유일한 에너지는 섹스 에너지뿐이다. 그러므로 적개심을 가지고 대할 필요가 없다. 적개심은 억압을 낳는다. 섹스를 억압하는 사람은 절대로 이해에 도달할 수 없다. 그리고 이해에 도달하지 못한 사람은 절대 변형을 이룰 수 없다. 더 높은 단계로 상승할 수 없다.

계속되는 여행

당신은 알맹이지 그릇이 아니다. 이를 잘 기억해라! 형상은 변하지만 당신의 존재는 그대로 남아 있다. 그리고 성장과 성숙을 반복하면서 매번 좀 더 풍요로워진다.

우리의 의식은 우주 전체보다 더 크다. 경계를 지을 수가 없다. 이 정도면 충분하다고 말할 수 없다. 언제나 더 커나갈 여지가 있기 때문이다. 더 성장할 수 있는 가능성이 있기 때문이다. 성장, 성숙은 참으로 아름다운 경험이다. 이 아름다운 경험을 누가 멈추고 싶어 하겠는가?

우리는 모든 면에서 억압을 당하며 살고 있다. 알버트 아인슈타인 같은 위대한 과학자조차 자신이 가진 지성의 15퍼센트밖에 쓰지 못했다. 하물며 보통 사람들은 어떠하겠는가? 보통 사람들은 채 5퍼센트도 쓰지 못한다. 만일 아인슈타인 같은 사람이 지성을 100퍼센트 사용할 수 있었다면 그는 인류에게 상상조차 할 수 없는 풍요로움을 안겨 줄 수 있었을 것이다.

그리고 모든 사람들이 자신의 의식을 100퍼센트 활용할 수 있다면, 누가 천국에서 죽은 성자들과 시대에 뒤떨어진 꼴통이들, 자기학대-정신이 병든-로 면허증을 딴 가학자들과 살고 싶어 하겠는가?

모든 사람들이 지성을 100퍼센트 사용할 수 있다면 우리는 이곳에 낙원을 세울 수 있다. 굳이 다른 낙원을 찾아 나설 필요가 없다. 우리는 사람들에게 장생과 건강을 누리게 해줄 수 있다. 무진장한 풍요로움을 마치 공기처럼 자유롭게 얻는데 누가 더 많이 갖겠다고 아웅다웅하겠는가?

전적으로 지성을 활용하면 진정한 성숙이 시작된다. 그러므로 먼저 우리가 얼마만큼의 지성을 사용하고 있는지 알아야 한다.

당신은 자신의 지성을 전부 사용하고 있는가? 당신의 믿음이나 신념은 지성이 아니다. 믿음과 신념은 지성에 반대되는 결정을 내린다. 각성을 통해 당신은 자신이 얼마만큼의 지성을 사용하고 있는지 알아볼 수 있다. 잘 지켜보면 당신이 얼마나 극소량의 지성만을 사용하고 있는지 알 수 있다. 각성은 여러 방법으로 우리를 깨어 있게 만든다. 그 방법들을 잘 활용해 보아라.

지성은 바깥으로 향한 길과 같다. 우리는 지성을 통해 세상과 교류할 수 있다. 대상과 교류할 수 있다. 지성은 우리에게 과학과 기술을 제공해 준다. 사실 우리가 지성을 제대로만 활용한다면 굳이 일을 할 필요도 없게 된다. 기계가 모든 일을 대신해 줄 것이기 때문이다. 예수의 말처럼 십자가를 지고 갈 필요가 없다. 기계가 다 해줄 텐데 무거운 십자가를 지고 가다니 어리석은 짓이다. 기계는 모든 것을 할 수 있다. 모든 것을 할 수 있는 기계를 사용하면 인간은 노예 생활에서 벗어날 수 있다. 그렇지 않다면 인간이 자유롭다는 말은 허울에 불과한 것이 된다.

하지만 현실은 어떤가? 당신은 생계를 꾸려가야 한다. 쉼터를 만들기 위해 돈을 벌고, 약을 사고 그 밖에 필요한 것을 사기 위해 돈을 벌어야 한다.

우리는 독립적인 존재인 것처럼 보이나 사실은 그렇지 않다. 구식의 노예는 사라졌지만, 발목에 채워졌던 사슬도 사라졌지만, 우리는 하나같이 보이지 않는 사슬에 묶여 있다. 자녀라는 사슬과 부모라는 사슬, 부인과 남편, 직장이라는 사슬에 묶여 있다.

인간은 아직 자유롭지 못하다. 하루 여덟 시간 동안 일을 하고도 집에 갈 때 서류를 한 뭉치씩 들고 가야 한다. 밤늦게까지 일을 하고도 모자라서 일요일에도 일을 한다. 아무리 열심히 일을 해도 서류 뭉치는 줄어들지 않고, 일은 끝이 보이지 않는다. 늦은 시간에도 사람들은 책상 앞에 앉아서 사무실을 떠나지 못한다.

이런 것이 자유라고 생각하는가? 그대 자신의 경우를 생각해 보아라. 당신은 진정으로 자유로운가?

우리를 모든 업무로부터 완전히 자유롭게 만들어 줄 수 있는 슈퍼 테크놀로지가 현실화될 날이 올 것이다. 슈퍼 테크놀로지의 혜택을

입게 되면 우리는 기타를 치고 노래를 부르거나 조각, 그림 등과 같이 세상을 아름답게 만드는 일을 수없이 할 수 있다. 아름다운 정원을 가꾸거나 연못을 만드는 일에 몰두할 수도 있다.

세상을 아름답게 만들기 위해 할 수 있는 일은 아주 많다. 그렇게 세상을 아름답게 가꾸어 나가면 신도 질투심을 느낄 것이다. 쓸데없이 아담과 이브를 에덴동산에서 쫓아내는 바람에 수많은 사람들이 자신보다 나은 창조를 하고 있다고 질투심을 느낄 것이다. 만일 신이 있다면, 어느 날 당신의 문을 두드리면서 이렇게 말할지도 모른다.

"들어가도 될까요?"

각성은 우리의 지성에 걸린 빗장을 풀어 놓을 수 있다. 그리고 우리를 성숙하게 만들어 줄 수 있다. 성숙은 끊임없이 계속된다.

보통 사람들은 성장을 하는 게 아니라 늙어갈 따름이다. 노화와 성장은 전혀 다르다. 인간을 제외한 모든 동물들은 늙어간다. 인간은 성장한다. 노화는 죽음에 가까이 다가간다는 말이요, 성장은 죽음 없음을 자각하게 된다는 말이다. 당신은 성장 속에서 시작도 끝도 없는 영원함을 알게 된다. 모든 두려움이 사라지고 망상이 사라지면서 당신은 불멸의 존재가 되어간다.

노화는 필멸이고 성장은 불멸이다. 우리의 존재는 집을 여러 번 바꾸고 형상을 여러 번 바꾼다. 그렇게 형상을 바꾸면서 우리는 계속 성장하기 때문에 현재의 형상이 과거의 것보다 훨씬 더 나을 수밖에 없다. 우리는 생을 거듭하면서 더 나은 형상, 더 나은 몸을 얻는다. 그리고 마침내 더 이상 육체가 필요하지 않은 때가 온다. 순수한 의식만이 존재 세계 전체로 퍼져 나가는 때가 온다.

이슬 한 방울이 연꽃에서 바다로 떨어진다. 잃어버린 이슬 한 방울. 하지만 각도를 달리 해서 보면, 이슬 한 방울을 잃어버린 것이 아니라 더 큰 바다가 된 것이다. 바다가 더욱 광대하고 거대해진 것이다.

각성은 우리의 지성을 깨우는 첫째 방편이다. 각성은 우리의 지성을 깨워 주고 다음에는 우리의 존재를 깨워 준다. 각성은 우리를 성숙하게 만들어 주는가 하면 불멸의 우주와 하나 되는 경지로 우리를 인도한다.

성숙은 계속된다

　성숙으로 가는 길에 마침표란 없다. 심지어 쉼표조차 찾아볼 수 없다. 우주가 무한한 것처럼 성숙의 가능성도 무한하다. 성숙은 계속된다.
　우리의 의식은 육체에 국한되어 있지 않다. 온 존재 세계와 온 우주에까지 퍼져 나갈 수 있다. 여기서 우주가 끝난다는 이정표는 어디에도 없다. 그런 것은 불가능한 일이다.
　우주는 끝나지 않는다. 의식은 끝나지 않는다.
　우리는 우주의 한 부분이다. 우리는 언제나 여기, 이 자리에 있어 왔고 언제까지나 여기 이 자리에 있을 것이다. 형상만 바뀔 뿐, 알맹이는 바뀌지 않는다. 형상의 변화는 문제가 되지 않는다. 세상에서 딱

한 군데, 미국에서만 알맹이보다 그릇을 더 중요하게 여긴다. 미국에서는 누구도 알맹이에 신경 쓰지 않는다. 그릇만 예쁘면 되는 것이다.

당신은 알맹이지 그릇이 아니다. 이를 잘 기억해라! 형상은 변하지만 당신의 존재는 그대로 남아 있다. 그리고 성장과 성숙을 반복하면서 매번 좀 더 풍요로워진다.

당신은 이렇게 묻는다.

"각성과 성숙 사이에는 어떤 관계가 있습니까?"

각성은 수단이요, 성숙은 결과다. 더 많이 깨어 있을수록 더 많이 성숙해진다. 그런 까닭에 나는 각성을 가르친다. 성숙에 대해 논할 필요가 없다. 각성을 얻으면 성숙은 저절로 따라오게 되어 있다.

각성에는 세 단계가 있다.

첫째, 몸에 대해 각성해야 한다. 걷거나 일을 할 때, 혹은 우물에서 물을 길을 때도 깨어 있어야 한다. 멍청한 몽유병자처럼 잠에 취해서 습관적으로 행동해서는 안 된다.

몸에 대한 각성이 생기면 그 다음에는 행동에 대한 각성으로 옮겨 간다. 행동에 대한 각성이 생기면, 이제 마음과 사념, 상상과 투사 등으로 옮겨간다. 몸에 대한 각성이 깊어지면 놀라운 일이 일어난다. 기계적으로 움직이던 손이 완전히 깨어 움직일 때 더없는 우아함과 아름다움을 발견할 수 있다.

나는 무의식적으로 또는 습관적으로 말할 수도 있고, 스피커 앞에서 목청을 높이는 연설가처럼 말할 수도 있지만-당신에게 전적인 각성 상태에서 말을 하고 있다. 낱말 하나하나, 문장 하나하나-나는 연설가도 아니고 웅변가도 아니다.

깨어 있는 의식을 가지고 말을 하면 말이 시가 되고 소리가 음악이 된다. 말을 하는 행위가 예술이 된다. 이러한 현상은 오직 깨어 있는 의식을 가지고 말할 때만 가능하다. 그때 모든 몸짓과 낱말은 그 나름대로의 아름다움을 얻게 된다.

또한 마음에 대한 각성이 생기면 사념이 잦아들게 된다. 사념이 100퍼센트가 되면 각성이 설 자리가 없어진다. 각성이 1퍼센트면, 사념은 99퍼센트가 된다. 마찬가지로 각성이 90퍼센트가 되면, 사념은 1퍼센트가 된다.

각성의 수치가 높아질수록 사념을 위해 쓰이는 에너지가 줄어든다. 그리고 각성이 100퍼센트에 달하는 날, 사념은 완전히 사라진다. 마음은 완전히 고요해진다. 이때 멈추지 말고 한층 깊은 단계로 옮겨가야 한다.

셋째, 느낌과 감정에 대해 각성해야 한다.

정리해 보면 이렇다. 먼저 몸에 각성하고, 그 다음에는 마음, 그리고 가슴으로 옮겨간다. 가슴으로 옮겨갈 때 깨어 있는 의식을 그곳으로 옮겨간다. 또 한 번 놀라운 일이 일어난다. 즉 좋은 것은 모두 성장하기 시작하고 나쁜 것은 모두 사라지기 시작하는 것이다. 사랑이 자라나고 미움이 사라진다. 자비심이 자라나고 분노가 사라진다. 나눔이 자라나고 욕심이 사라진다.

가슴에 대한 각성이 완성되고 나면 마지막 놀라움이자 가장 큰 놀라움이 기다리고 있다. 더 이상 걸음을 옮겨 놓을 필요가 없어진다! 왜냐하면 갑자기 한 비약이 저절로 일어나기 때문이다. 우리는 가슴에서 자신을 찾게 된다. 우리의 중심에서, 우리의 존재 안에서 자신을 찾게 되는 것이다.

그 순간 우리는 오직 각성에 대해서만 깨어 있게 되고 의식에 대해서만 의식하게 된다. 더는 깨어 있어야 할 것도 없고, 의식해야 할 것도 없다. 이것이 바로 궁극적인 순수, 즉 깨달음이다!

깨달음은 우리의 천권이다! 천권을 행사하느냐 마느냐, 모든 것은 우리에게 달려 있다. 모든 책임은 우리가 져야 한다. 누구도 우리 대신 책임을 져줄 수 없다.

첫걸음이 어려울 뿐, 나머지는 아주 쉽다. 시작이 반이라는 속담처럼 첫 단추만 잘 끼울 수 있다면 나머지 여행은 아주 쉬워진다.

저자에 대해

오쇼의 가르침은 어떠한 틀로도 규정하기 힘들 만큼 다양한 주제를 다루고 있으며, 삶의 의미를 묻는 개인적인 문제에서부터 현대사회가 안고 있는 정치·사회적인 문제까지 거의 모든 주제를 망라한다. 오쇼의 책은 저자가 직접 저술한 것이 아니라, 근 35년 동안 다양한 국적의 청중들에게 들려준 즉흥적인 강의를 오디오와 비디오로 기록하여 책으로 펴낸 것이다. 런던의《선데이 타임스 Sunday Times》는 오쇼를 '20세기를 빛낸 천 명의 위인 중 한 명'으로 선정했으며, 미국의 작가 탐 로빈스 Tom Robbins는 '예수 이후 가장 위험한 인물'로 오쇼를 평가하기도 했다.

자신이 해온 작업에 대해 오쇼는 신인류의 탄생을 돕고 있다고 표현했다. 그리고 그는 이러한 신인류를 종종 '조르바 더 붓다 Zorba the Buddha'라고 인물화 시켰다. 희랍인 조르바처럼 세속적인 기쁨을 누리면서 고타마 붓다처럼 깊은 침묵을 즐기는 사람을 일컫는다.

오쇼가 해온 모든 작업을 한데 엮어 보면, 시간을 초월하는 동양의 지혜와 서양의 과학과 테크놀로지의 차원 높은 잠재력의 만남이라고 할 수 있다.

그는 또한 명상이라는 접근법을 통하여 내면의 변형에 혁명적인 공헌을 했다. 그가 개발해낸 독특한 동적 명상법들은 몸과 마음에 축적된 스트레스를 제거하도록 특별히 고안되었다. 그리하여 사념이 없는 상태, 전적인 이완만이 남아 있는 명상 상태를 체험하기가 수월해진다.

오쇼의 생애에 대해서는 『오쇼 라즈니쉬 자서전-길은 내 안에 있다 Autobiography of a Spiritually Incorrect Mystic』와 『황금빛 추억 Glimpses of a Golden Childhood』에서 더 많은 정보를 얻을 수 있다.

오쇼 국제 명상 휴양지

오쇼 명상 휴양지는 휴식과 놀이가 어우러지는 분위기 속에서 좀 더 깨어 있는 의식으로 새로운 삶의 방식을 체험해 볼 수 있는 명상 센터이다. 오쇼 명상 휴양지는 인도 뭄바이Mumbai에서 남동쪽으로 160km 떨어진 푸네Pune에 있으며, 해마다 전 세계 100여 개 이상의 나라에서 찾아오는 수많은 방문객에게 다양한 프로그램을 제공하고 있다. 본래 인도의 귀족층과 영국 식민시대의 고위층들을 위해 여름 휴양지로 개발된 푸네는 현재 유수의 대학들과 첨단 기술산업의 중심 도시로 눈부시게 성장하고 있으며, 명상 휴양지는 코레곤 파크 Koregaon Park로 알려진 곳에 약 5만 평의 규모로 자리 잡고 있다.

휴양지 내에 최신 설비를 갖춘 게스트하우스가 들어서 있으나 수용인원의 한계로 제한된 숫자의 방문객들만이 이용할 수 있으며, 그 주변에도 방문객들의 숙박을 위한 수많은 호텔이 있다. 또한 가까운 곳의 개인 아파트를 임대하여 짧게는 며칠, 길게는 몇 달까지도 머무를 수 있다.

오쇼가 말하는 '신인류'란 일상의 삶에 적극적으로 참여하는 동시에 명상과 침묵 속으로 릴랙스할 수 있는 사람이며, 휴양지에서 제공하는 모든 명상 프로그램은 이런 오쇼의 비전에 바탕을 두고 있다. 각종 프로그램은 냉방장치가 완비된 현대적인 시설 속에서 진행되고 있으며, 다양한 종류의 개인 강좌와 수련 코스, 그룹 워크숍이 행해지는데, 여기에는 창조적인 예술 활동과 육체적·정신적 치료 요법, 테라피, 주술, 선禪을 도입한 스포츠와 레크리에이션, 인간관계의 개선 등 삶의 변화를 모색하는 다양한 방법들이 망라되어 있다. 개인 강좌와 그룹 워크숍은 일 년 내내 개설되어 매일 다양한 명상 프로그램에 참여할 수 있다.

휴양지 내의 노천카페와 레스토랑에서는 전통적인 인도 음식과 다양한 국가별 음식들을 선보이고 있다. 모든 채소는 휴양지가 자체 소유한 농장에서 유기농법에 따라 재배되며, 휴양지 내에서는 자체 살균된 식수를 제공하고 있다. 좀 더 상세한 정보를 원할 경우 www.osho.com/resort를 방문하면 된다.

WWW.OSHO.COM을 클릭하면 더 자세한 정보를 얻을 수 있다. 이 웹 사이트는 여러 나라의 언어로 번역되어 있으며, 잡지, 도서, 오디오, 비디오, 영어와 힌두어로 된 사이버 도서관, 그리고 오쇼의 명상법에 대해 다양한 정보를 제공한다. 또한 오쇼 멀티버시티 Osho Multiversity에서 행해지는 명상 프로그램 일정과 오쇼 국제 명상 휴양지에 대한 다양한 정보를 얻을 수 있다.